[대한민국]
창의력
교과서

2005

[대한민국]
창의력
교과서

2005년 6월 10일 초판 1쇄 발행
2012년 3월 15일 초판 5쇄 발행

저자 / 박종안
발행자 / 박홍주
발행처 / 도서출판 푸른솔
편집부 / 715-2493
영업부 / 704-2571~2
팩스 / 3273-4649
디자인 / 이근산(010-5042-5315)
주소 / 서울시 마포구 도화동 251-1 근신빌딩 별관 302호
등록번호 / 제 1-825
ⓒ박종안 2005
값 / 12,000원
ISBN 89-86804-71-9

[대한민국] 창의력 교과서

박종안 지음

푸른솔

Contents

추천의 글

우리나라가 21세기 무한경쟁 체제에서 살아남기 위해서는 창의성을 극대화해야 한다고 단언해도 지나친 주장은 아닐 것이다. 하지만 우리나라는 아직 창의성을 키워주고 발휘할 수 있도록 도와주는 제반 환경 여건이 선진국에 비해서 많이 부족한 것이 사실이다. 이러한 때에 한국창의력센터(Korea Creativity Center) 대표이자 한국인의 창의력 향상에 헌신하고 있는 박종안 선생의 『대한민국 창의력 교과서』 출간은 우리 국민들의 창의성 지수를 높이는 데 일조를 할 것으로 믿어 의심치 않는다.

저자는 기업체, 정부기관, 대학교 등에서 10여 년간에 걸쳐 창의력 강의를 하였다. 이 책은 이러한 저자의 강의 경험을 바탕으로 쓰여졌기에 다른 창의력 소개서와는 달리 우리나라의 현실적 여건을 반영하고 있어 한층 흥미롭고 이해하기 쉽다. 특히 P선생과 K과장의 6일간의 대화를 통해서 창의성의 이론과 스킬을 독자들에게 전달하는 방식은 그야말로 창의적이다. 아울러 저자의 독창적인 창의성 스킬인 고스톱(Go/Stop) 브레인스토밍의 소개는 이 책을 더욱 돋보이게 한다.

『대한민국 창의력 교과서』는 우리의 일상생활뿐만 아니라 교육, 경영 장면에서도 창의성을 키울 수 있는 구체적인 방법을 제시하는 길라잡이가 될 것이다. 창의성을 필요로 하는 초·중·고등학교 선생님, 대학생, 기업체 임직원 여러분께 꼭 한번 읽어보기를 권한다.

— **최인수** (성균관 대학교 교수)

책을 시작하며

우리는 조금만 주위를 둘러보아도 온통 '창의성' 혹은 '아이디어'라는 말의 홍수 속에 파묻혀 살고 있습니다. 아니, 중독되었다 해도 지나친 말은 아닌 듯합니다. 그렇다면 과연 얼마나 많은 사람들이 그 말의 참뜻을 알고 있을까요?

이러한 질문에 답하기 위해 '창의성'이란 단어를 쥐고 산 15년의 세월과 다양한 계층을 대상으로 한 10여 년간의 창의력 강의 경험을 밑거름 삼아 진지하고도 명확한 해답을 얻기 위해 저의 강의 노트를 독자 여러분들께 보여드리려는 것이 이 책을 쓴 첫 번째 목적입니다.

또한 2001년에 번역서 『아무도 생각하지 못하는 것 생각하기(Cracking Creativity)』를 세상에 내놓았을 때 창의성에 관심 있는 독자들에게서 과분한 사랑을 받았으나, 그 분들이 한결같이 책의 내용이 너무 어렵다기에 그 책에 보다 쉽게 접근할 수 있는 입문서를 만들고자 한 것이 이 책을 쓰게 된 두 번째 동기입니다.

기존의 책들이 외국 사례에 초점을 맞춘 것에 반해, 이 책은 본인의 현장 강의를 통해 얻은 실제 한국 사람들과 한국 기업의 사례가 풍부하게 수록되어 있습니다. 이것이 이 책의 가장 큰 특징입니다.

더욱이 이 책은 예전의 창의성 관련 책들이 대부분 '재미없고 딱딱한 책'이란 고정관념을 뛰어넘기 위해 P선생과 K과장이라는 가상인물을 등장시켜 두 인물이 이야기를 주고받는 대화체로 썼습니다. 책의 내용은 아이디어 때문에 어려움을 겪고 있는 주인공 K과장이 P선생으로부터 창의성을 배워가면서 서서히 어려움을 극복해가는 과정을 그렸습니다. K과장은 아마도 이 책을 읽는 독자 여러분일지 모르겠습니다.

이 책은 아이디어를 원하는 많은 직장인은 물론, 새로운 시대를 개척해나갈 미래지향적인 대학생, 대학원생, 그리고 창의력이 생명인 7차 교육과정 적용에 고민하시는 모든 선생님들께 좋은 등대가 될 것이라고 확신합니다.

책의 내용은 크게 두 부분으로 구성되어 있습니다.

1부는 창의성 이론편이고, 2부는 창의성 스킬편으로 구성되어 있습니다. 이론편에는 창의성에 대한 정의, 창의성이 존재하는 곳, 창의성의 한 방향정렬, 창의적인 사람의 행동, 창의성과 문제 해결에 관한 이야기를 다루었습니다. 창의성 스킬편에는 창의성 스킬의 영역, A영역 스킬의 브레인스토밍과 관련된 여섯 가지 스킬, 조합법, SCAMPER와 B영역 스킬의 강제연결법, 소원법, 역전법, 그리고 아이디어 프로가 되는 길, 아이디어의 수정 및 평가에 대해 자세히 수록하였습니다.

이 책을 읽고 나서 좀더 깊이 있는 공부를 원하는 분들은 『아무도 생각하지 못하는 것 생각하기』나『창의적 자유인』을 읽으면 큰 도움이 되실 겁니다.

저는 이 책이 '세상을 더 살기 좋은 세상으로 만들려고 노력하는 사람들'에게 도움이 되었으면 합니다.

이 책이 나오기까지 도움을 주신 분들이 너무도 많습니다.

먼저 이 책의 내용 대부분은 제가 진행하는 창의력 세미나에 참석했던 많은 분들에게서 나왔습니다. 세미나에 참석했던 모든 분들께 감사드립니다.

창의성에 관해 직접 저에게 도움을 주신 분들인 마이클 미칼코(Michael Michalko), 에드워드 드보노(Edward de Bono), 네드 허만(Ned Herrmann), 칙센미하이(Csikszentmihalyi), 싱가포르의 피터(Peter Low), 린다(Linda Low)에게 감사드립니다.

또한 창의성의 길을 걷도록 기회를 제공해주신 고려대학교 박동건 교수님, PSI컨설팅 정재창 소장님, 이구연 소장님께 고개 숙여 감사의 마음을 전합니다.

특히 한국에서 창의성을 연구하는 사람들의 삶은 척박하고 힘들다며 우리들 스스로를 '잡초'라고 부르며 필자와 함께 창의성의 동반자로 잡초의 길을 걷고 계신 성균관대학교 최인수 교수님께 특별한 감사의 마음을 전합니다.

마지막으로 자신들의 앞길을 씩씩하게 개척해나가고 있는 사랑스럽고 자랑스러운 딸 재경, 성, 현욱이와 행복한 가정을 가꾸고 남편이 어렵고 힘든 잡초의 길을 갈 수 있도록 격려와 사랑으로 감싸주는 아내 최경자에게 이 책을 바칩니다.

한국창의력센터에서 **박종안**

나의 최근 이야기

　지금 시각은 오후 5시, 인천 국제공항은 방학을 맞이하여 해외로 떠나려는 학생들로 북새통을 이루고 있다. 나는 캐나다 토론토로 1년간 어학연수를 떠나는 딸을 배웅하러 아내와 함께 이곳에 나왔다. 3층 출국장에서 오후 9시 10분발 토론토행 출국 수속을 마치고 나니 아내가 딸과 함께 저녁식사를 하자고 한다. 점심식사 후 내내 속이 좋지 않았던 나는 먹을 생각이 없어 둘이 갔다오라고 했다. 아내와 딸은 식사를 하러 지하 1층의 한식당으로 내려갔다.

　나는 밖이 내다보이는 유리창 앞에 앉았다. 겨울 날씨라 벌써 어둠은 지상을 덮었고 쌀쌀한 날씨 탓인지 사람들은 웅크린 모습으로 이리저리 분주한 모습이다. 멍하니 창 밖을 보고 있으니 문득 어제의 일들이 생각났다.

　어제 오전 회의시간에 신입사원 영숙 씨, 심 대리, 조 과장 등 다른 사람들은 아이디어를 비교적 잘 내는 데 반해 나는 전혀 아이디어가 떠오르지 않았다. 3년 전 나는 다른 회사에서 근무하며 그곳에서는 '아이디어 맨'으로 불리며 소위 '아이디어로 밥 먹고산다'는 지금의 회사로 한 직급 승진하여 스카우트되어 왔다. 그러나 이제는 아이디어가 모두 소진되었는지 더 이상 낼 수가 없었다. 회의가 끝나고 나는 팀장에게 불려가 상반기(6월 말)까지 아이디어 내는 능력을 향상시키지 못할 경우, 12월에 단행할 예정인 명예퇴직 대상자가 된다는 이야기까지 들었다. 저녁에는 내 입사동기인 L과장의 명예퇴직으로 팀 회식이 있었는데, 그의 명예퇴직이 남의 일 같지 않았다. 어제밤 나는 술을 많이 마시고 밤 11시가 넘어 집에 들어왔다. 나는 잠자리에 누워 내일 어학연수를 떠나는 딸을 생각하면서 '과연 내 딸이 적응을 잘 할까? 영어는 잘 배울까? 연수비용은 어떻게 마련해야 하나?' 등 이런저런 고민에 뒤척이다 새벽녘에서야 잠이 들었다.

추운 창밖에 비해 공항 안은 따뜻해서인지 어제 밤잠을 설쳐 피곤한 나에게 졸음을 선물했다.

파도가 일렁이고 있었다. 내 몸을 실은 배는 태평양 한가운데 파도를 헤치며 달리고 있었다.

벌써 20일째 배를 타고 있다. 아직 캐나다에 도착하려면 족히 20일은 더 가야 한다. 옆에서 한복을 곱게 입고 영어책을 읽고 있는 여자아이는 우리 딸 정도의 나이인 듯하다.

"몇 살이니?"

"11살이에요."

"지금 어딜 가니?"

"캐나다에 가요."

"무슨 일로 가니??"

"어학연수하러 가요"

"그래… 기간은 어느 정도니?"

"1년동안요."

소녀와 나는 흔들리는 배 위에서 이렇게 단답형 퀴즈놀이를 하고 있었다.

이때 아내가 나를 흔들어 깨우는 바람에 꿈에서 깨어났다. 이상한 꿈이었다.

저녁 7시, 딸은 혼자서 보안검색을 끝내고 출국심사대 쪽으로 들어갔다. 더 이상은 딸의 모습을 볼 수가 없다. 딸 걱정에 눈물 흘리는 아내를 다독이며 서울행 리무진 버스를 탔다. 버스는 고속도로 위를 질주하고 있고 아내는 혼자 떠나는 딸을 걱정하고 있었다. 나는 아내를 위로하다가 그만 또 잠에 빠져들고 말았다.

미국 워싱턴 D.C. 국립 스미소니언 항공우주박물관(National Smithsonian Air and Space Museum)의 정문 본관 한가운데 나는 서 있다. 세계 최초 동력 비행기인 라이트 형제의 비행기가 전시된 곳이다. 그 전시실 비행기에서 내린 라이트 형제는 나에게 다가와 말을 건넸다.

"우리는 처음으로 미국의 노스캐롤라이나 키티호크에서 직접 만든 비행기를 시험하기 시작하여 그곳에서 천 번 이상의 시험비행을 했어요. 결국 경량급 엔진과 프로펠러를 만들어 1903년 동력 비행기 라이트 플라이어(Wright Flyer) 호를 완성했지요. 같은 해 12월 17일, 드디어 세계 최초 조종 가능한 동력 비행기를 키티호크에서 날려보냈습니다. 그 후 '라이트 비행기'라 명명된 비행기는 나

(오빌)를 태우고 1차 비행 실험에서 약 12초 간 37미터를 날았으며 2차, 3차 비행도 거의 첫 비행과 같았습니다. 형 윌버가 탄 네 번째 비행은 약 59초 간 260미터를 날았습니다" 라고 동생 오빌이 말했다.

그러자 형 윌버는 "우리가 창의력을 통해 만든 비행기란 발명품 덕에 당신 딸도 오늘 보잉 747기를 타고 인천 국제공항에서 캐나다 토론토까지 14시간 만에 도착하는 겁니다. 비행기가 없었다면 배로 40일 이상 걸렸을 것입니다"라고 말했다.

창의력 때문에 고민하고 있는 나는 윌버에게 "현대인의 핵심역량인 창의력을 공부하고 싶다"고 했다. 윌버는 "컴퓨터, LCD, MP3, 휴대폰 등은 창의성의 결과물로 현재 사용되고 있으니까 당신이 잘 알테고, 과거와 미래의 창의성에 관하여는 내가 평소에 존경하는 분을 소개시켜줄께요." 하며 어디론가 전화를 걸었다. 과거에 대해 알려줄 사람이라고 전화를 걸어 인사말을 주고받은 후 전화기를 나에게 넘겨주었다. 전화를 받자 "안녕하세요? 나는 폴 토랜스(Paul Torrance)입니다. 창의성에 대해 알고 싶으면 내가 쓴 논문이나 책을 읽어보세요" 하고 전화를 끊었다. 또 미래의 변화에 대해서는 미래학자이며 『초우량기업을 찾아서(In Search of Excellence)』의 저자인 톰 피터스(Tom Peters)를 소개해주었다. 전화를 받으려는 순간!

곧 버스에서 내려야 한다며 아내는 나를 흔들어 깨웠다. 나는 꿈에서 만난 사람들의 이름을 잊지 않으려고 "토랜스, 토랜스, 피터스,

피터스…"라고 중얼거리면서 버스에서 내렸다.

　주말에 나는 토랜스와 피터스를 만나기 위해 모교 대학도서관을 찾았다. 토랜스에 관해서는 여러 편의 논문과 책이 있었고, 피터스는 몇 권의 저서가 있었다.

　토랜스에 관한 자료를 검색하던 중 이런 내용을 발견했다.

　창의성을 연구하는 학자들이 1, 2차 세계대전 당시 군대에 복무하면서 군인들을 선발하기 위해 창의성 연구가 시작되었고, 전쟁 후 학자들은 대학이나 연구소에 돌아가 창의적인 사람들의 특성이나 창의성 측정에 관한 연구를 착수하게 되었다.

　토랜스도 한국전쟁 초기 미 공군으로부터 군 항공요원들이 추락 후 적진에 고립되거나 기아(飢餓)와 위험의 극단적인 상황에서도 생존할 수 있는 능력을 키우는 프로그램을 개발해 달라는 요청을 받았다.

　이를 위해 그는 2차 세계대전 당시 이러한 경험을 한 생존자를 만나 인터뷰했고 많은 연구문헌들을 찾아보고 나서 생존에 가장 필수적인 요소가 '창의성'이란 놀라운 사실을 알았다. 당시 훈련과정에서는 '가능한 모든 적대적 상황에서 어떻게 대처할 것인가?'에 대한 많은 정보를 제공받았고, 생존했거나 포로수용소에서 탈출한 사람들의 실제 사례를 학습하고 토론하였으며 실제 상황을 재현하는 모의훈련까지도 하였다.

　그러나 항공요원들이 아무리 많은 훈련을 받았더라도 실제 상황은 그들이 전혀 예상하지 못했거나 불확실한 상황이 연출되었다. 생존했던 사람들의 공통점은 새로운 생존방법들을 생각하기 위해 훈런 내용과 인생의 경험들을 총동원하여 새로운 방법으로 탈출했다는 것이다. 즉, 창의성이 생존의 도구가 되었다.

이러한 내용을 읽는 동안 나는 적잖게 충격을 받았다. 불확실성과 복잡성이 어느 때보다 공존하는 이 시대에 창의성이야말로 나와 기업의 생존요건이요, 핵심역량이란 사실을 다시 한번 깨닫게 되었다. 며칠 전 팀장이 내게 요구했던 아이디어도 이런 맥락에서 이해가 되었다.

점심식사를 마친 후에 나는 톰 피터스의 『미래를 경영하라(Re-imagine)』를 읽기 시작했다. 그러다 다음과 같은 의미심장한 부분을 발견하게 됐다.

런던 부두의 노동조합장을 지낸 노인이 내 동료 리처드 킹(Richard King)에게 이런 말을 했다. 1970년에는 목재수송선에서 짐을 모두 내리려면 108명 정도 인원에 족히 5일은 걸렸다.

만일 1명이 혼자서 한다고 가정하면 540일 동안 뼈빠지게 일해야 한다. 그러다가 새로운 '컨테이너 수송 방식'이 등장했다. 그로부터 30년이 지나 새로운 천년이 시작되었고, 그러던 어느 날 런던 부두에 목재수송선이 도착했다. 그때 노인은 리처드에게 8명이 하루만 고생하면 짐을 모두 내릴 수 있다고 말했다. 더욱 놀란 사실은 부두에서 일하는 '블루칼라' 노동자들이 이제 컴퓨터 제어장치를 통해 '화이트칼라'들의 일을 하고 있는 것이다. 그 결과 블루칼라 노동력이 98.5퍼센트나 감소되었다.

피터스는 "현재(2003년) 우리가 알고 있는 화이트칼라 직종 중 최소한 80퍼센트가 앞으로 15년 이내에 완전히 사라지거나 알아볼 수 없을 정도로 완전히 바뀔 것이다"라고 예상했다. 그 징조로 GE 의 CEO 제프 이멜트(Jeff Immelt)는 2002년 초 인터뷰에서 "3 년 안에 GE의 행정과 사무지원 업무의 75퍼센트를 디지털화할 것" 이라고 선언했다. 나는 15년을 예상하는데 GE의 제프 이멜트는 3 년을 예상했다고 한 뒤 화이트칼라인 내 심장에 비수를 꽂는 한마디 를 더했다. "98.5퍼센트를 기억하는가? 블루칼라 세계에서 일어난 98퍼센트의 능률 향상이 화이트칼라의 세계에서 이루어지지 말라 는 법이 있는가?"라고.

나는 현재나 미래의 생존법칙이 '창의성'이란 사실을 다시 한 번 확인하고 무거운 마음을 안고 집으로 돌아왔다. '그렇다면 현재와 다가올 미래의 생존을 위해 '창의력'을 어떻게 배울 것인가?' 나는 이런 고민을 하다가 잠이 들었다.

다음날 회사에서 이메일을 열다가 번득 한 가지 아이디어가 생각 났다.

'그래 토랜스와 피터스에게 창의력을 배울 수 있는 방법을 알려 달라고 하면 어떨까?'

나는 당장 두 거장들에게 현재 나의 어려움을 설명하고 내가 '창 의력'을 배울 수 있는지, 배울 수 있다면 어떻게 해야 하는지 알려달 라고 이메일을 썼다. 일주일 후 두 사람으로부터 답신이 왔는데 이 상하게도 두 사람 모두 한 사람이 보낸 것처럼 내용이 같았다.

창의력은 배울 수 있고, 한국에 내가 잘 아는 P선생(이메일 : ccjapark @yahoo.co.kr)이 있습니다. 내가 소개했다고 말하고 그 분에게 창의력을 잘 배워 희망찬 미래를 보장받으시길!

배울 수 있다는 것, 그것도 한국에서 배울 수 있다는 메일을 받고 나는 뛸 듯이 기뻤다.

P선생과의 만남

나는 두 거장들이 알려준 대로 P선생에게 '토랜스와 피터스의 소개로 이메일 주소를 알게 되었으며, 선생님으로부터 창의력을 배우고 싶다'는 내용을 현재 내가 처한 어려운 상황과 함께 메일로 써보냈다.

다음날 P선생으로부터 답신이 왔다. '창의력은 누구나 쉽게 배울 수 있는 간단한 것'이라고! 나는 용기를 내어 P선생을 흑석동 그의 사무실에서 토요일 오전에 만나기로 했다.

토요일 오전, P선생의 사무실에 들어서 보니 사무실이라기보다는 대학교수의 연구실 같았다. 책은 이리저리 널려 있고, 이상한 그림도 붙어 있고, 지구본도 있고, 히딩크 사인이 새겨진 축구공도 있었다. 책꽂이에는 창의력, 자기개발, 심리학, 미래학, 경영전략, 마케팅 등의 책들이 가득해 마치 서점에 온 듯한 느낌도 들었다.

나는 P선생께서 주는 커피를 마시며 그간의 이야기를 했다. 아이디어 때문에 힘든 회사 이야기, 공항 리무진 안에서 꿈꾼 이야기, 토랜스와 피터스에게 이메일 쓴 이야기 등.

P선생을 만나 대화를 나누다보니 마치 오래 전부터 알고 지낸 듯 친근하고 편안한 느낌이 들었다.

이야기를 끝맺을 무렵 창의력에 대해 배우고 싶은데 기간이 얼마나 걸리는지 물었다. P선생께서는 일주일 정도만 배워도 회사생활이나 일상생활에서 필요한 아이디어를 내는 데 전혀 어려움이 없다고 대답해주었다. 다만 기간의 간격을 두고 학습하는 것보다 계속적으로 공부하는 것이 훨씬 효과적이라 했다. 나는 연휴가 들어 있는 주에 휴가를 내고 꼭 공부하러 오겠다고 약속했다.

P선생의 사무실을 나와 동작역을 향해 걸으면서 창의력 때문에 힘들었던 회사생활에 종지부를 찍고 3년 전 '아이디어 맨'이라 불리던 시절로 다시 돌아가 새로운 인생이 시작될 수 있음을 직감했다.

월요일, 회사에 출근하여 달력을 살펴보니 다음달인 2월의 두 번째의 수요일이 마침 공휴일이고 금요일은 회사 창립기념일이라 주중에 이틀이나 쉴 수 있었다. 창의력을 배울 수 있는 절호의 기회를 가진다는 생각에 기뻤다.

1월도 아이디어 때문에 고생하다가 드디어 2월을 맞았다. 첫째 주 목요일에 나는 팀장에게 휴가를 신청했더니 팀장은 무슨 일이 있냐고 물었다. 창의력을 배우고 온 뒤에도 아이디어를 못 내면 무능한 사람이라고 더욱 닦달을 당할지도 모른다는 생각에 나는 팀장에게는 비밀로 하는 것이 좋겠다는 생각을 했다. 그래서 고향에 계신 부모님이 다음주 비닐하우스를 만드시는데 도와드려야 된다고 말했다. 팀장은 달력을 유심히 본 후 고향 부모님을 열심히 도와드리라며 일주일간의 휴가를 내주었다.

1부

창의성 이론편

| 월요일 강의 |

설레는 가슴으로 전철을 타고 오전 9시에 P선생님 사무실을 찾았다. 지난 토요일에 전화로 미리 연락해서인지 선생님은 사무실에 먼저 와서 기다리고 계셨다. 선생님은 "K과장, 오랜만이에요. 그간 잘 지냈나요'!" 하며 반갑게 나를 맞아주었다.

선생님과 나는 창의성 전반을 공부하되, 그 중에서도 나에게는 무엇보다 '아이디어 내는 법'을 배우는 것이 급선무라고 말씀드렸다.

선생님도 창의성의 이론 부분은 대학이나 대학원에서 주로 공부하고 직장이나 일상생활에서는 K과장이 필요로 하는 창의성 스킬 부분이 절실히 요구된다고 하면서 경영학의 고전 함수 P=f(B)를 설명했다. 즉 성과(P)란 행동(B)의 함수(f)를 의미하며, 최근에는 개인이나 조직이 성과를 올리기 위해 '실행(행동)만이 경쟁력'이라는 말이 유행한다고 했다. 그래서 나와 P선생님은 일주일간의 교육 일정 중에 월요일과 화요일은 아이디어를 내는 데 꼭 필요한 창의성 이론과 궁금증을 함께 이야기하고, 수요일부터 토요일까지는 '아이디어 내는 법', 즉 '창의성 스킬'에 관해 학습하기로 계획을 세웠다.

1. 창의성이란 무엇인가?

나는 전철 안에서 '창의성'이란 단어는 도대체 어디에서 나왔기에 나를 이렇게 괴롭히는 것일까 생각하며 선생님께 질문했다.

"선생님, 도대체 창의성이란 단어는 어디서 나왔나요?"

1) 창의성의 어원

P선생은 본인의 강의 노트를 뒤적이더니 다음과 같은 내용이 들어있는 페이지를 펼쳐 보였다.

[강의 노트]

◆ Creare(라틴어 어원) = '만들다'의 뜻

◆ Creatio(중세기) = 신이 '창조함' 의미

◆ Creativite(1946년) = 프랑스에서 생성

◆ Creativity(1946년) = 촘스키 처음 사용

"창의성의 어원은 본래 라틴어의 Creare로 '만들다'는 뜻입니다. 이것의 근본적인 변화는 중세기에 있었는데, Creatio란 표현으로 신이 무에서부터 유를 창조(creatio)함을 의미합니다. 그래서 인간이 창의성을 발휘한다는 것은 신의 영역을 침해하는 행위로 시

샘을 받는다고 생각해 왔지요. 그 후 르네상스를 거치면서 창의성이 폭발했습니다. 레오나르도 다 빈치, 갈릴레오 등 소위 천재라 불리는 사람들 사이에서 창의성이 나타났는데, 그 시절 창의성을 잘 발휘하게한 요인을 『아무도 생각하지 못하는 것 생각하기』의 저자인 마이클 미칼코는 생각을 시각화하기 때문이라고 이야기해요. 즉 자기의 방대한 생각을 다이어그램, 그래프, 도표 등을 이용해서 기록하고 전달한 것과 밀접한 관계가 있다고 이야기하죠. 그때부터 1940년도 초반까지 창의성은 천재들의 전유물이었다가 1946년에 프랑스에서 Creativite라는 단어가 만들어지고, 동시대 미국에서는 촘스키가 생성언어학에서 Creativity라는 단어를 처음 사용하면서 천재들의 전유물에서 벗어나게 되었지요. 특히 1950년도에 창의성의 아버지라고 불리는 길포드(J.P.Guilford)가 미국 심리학회장에 취임하면서 창의성이 일반화 되었지요."

"아, 그렇군요! 그럼 동양에서 창의성의 어원은 어떤가요?"

[강의 노트]

◆ 창(創) = 창(倉) + 도(刀)

"내가 생각하기에 동양의 창의성 어원 풀이를 잘 표현한 책은 박영태 교수의 『창의성의 별』입니다. '창의성(創意性)'을 한자로 풀이해보면 창(創)의 의미는 비로소 창, 아픈 창입니다. '비로소'의 의미는 새롭다는 것으로 우리가 생각하는 창의성의 의미와 일치하죠. 그러나 '아픈'의 의미는 창의성의 의미에 대해 다시 생각해보게 만듭니다.

창(創)을 나누어보면 곳간 창(倉)과 도끼 도(刀)입니다. 여기서 창(創)은 곳간을 도끼로 파괴한다는 의미가 내포되어 있으며 이는 '기존의 생각을 파괴한다'는 의미로 유추해볼 수 있어요. 일반적으로 기존의 생각은 개인의 존재와 관련이 있으므로 기존 생각의 파괴는 개인의 존재가치의 붕괴와 연결되죠. 여기서 창이 '비로소'라는 뜻과 '아프다'라는 뜻이 함께 존재한다는 의미를 생각해볼 수 있습니다. 의(意)는 마음(心)에 소리(音)를 내는 것, 또는 마음(心)에 빛(日)을 세우는(立)것으로 볼 수 있어요.

따라서 창의란 기존의 것을 파괴하고 마음에 새로움을 만드는 것으로 동시에 아픔을 수반하는 것으로 볼 수 있습니다. 다시 말해 창의란 '자신이 가진 기존의 생각을 파괴함으로써 이전에 없던 새로운 생각을 만드는 것'을 의미합니다."

"그렇군요. 어쩌면 서양보다는 동양 어원의 의미가 더 심오한 듯하네요. 선생님, 궁금한 점이 또 있는데요. '창의'와 '창조'는 다른 의미인가요?"

2) 창의와 창조

"이것에 대한 구분은 사람들마다 다릅니다. 어떤 사람은 '창의'는 과정이요, '창조'는 결과라고 이야기하는 사람도 있고, 또 정범모 교수는 '창의는 어감상 마음속에 구상하는 새로운 '생각'을 강조한 말이고, 창조는 그런 생각으로 새로운 것을 만드는 '과정'이나

'산물'을 강조한다'라고 말하죠.

그러나 나는 이렇게 생각합니다. 정확하게 표현하면 창의(성)는 영어의 Creativity로 유·무형을 포함하는 포괄적 개념이라고 생각해요. 즉 창의란 무형인 아이디어와 유형인 '결과', '산물'이 포함된 언어이고, 창조(성)란 Creation으로 '결과' 혹은 '산물'을 의미하는 것으로 생각한단 말이죠.

또 다른 관점에서 보면 2차 세계대전 이후 주로 다른 나라에서 만든 물건을 가져다 모양이나 성능의 변화(주로 창의성의 SCAMPER 스킬 사용 : 2부 창의성 스킬편에서 설명)를 통해 새롭게 만들던 일본이 영어의 Creativity라는 단어를 '창조(엄밀히 말하면 재창조?)라는 뜻으로 사용한 것을 일본의 영향을 받은 한국 사람들에 의해 전해지는 과정에서 '창조'란 말로 사용되었고, Creativity란 단어가 미국으로부터 한국에 직수입되면서 '창의'란 단어로 번역된 게 아닌가 싶어요. 내가 일본의 한 서점에 들러 확인한 바에 의하면 대부분의 창의성 관련 책제목에 '창조'란 단어가 많이 사용되더군요.

우리나라에서도 일본 책의 번역서는 '창조'란 단어를 사용하고 미국 책을 번역하는 경우에는 '창의'라고 주로 표현합니다. 또 번역자의 나이가 많거나 일본과 관련된 분인 경우에는 미국 책을 번역할 때도 '창조'라는 단어를 종종 사용하고 있어요. 산업교육에서 사용되는 프로그램 명칭도 초기 일본에서 들어온 프로그램은 '창조력 개발과정'인데 우리나라에서 현재 사용되는 과정 명칭은 '창의력 개발과정'입니다. 이는 현재 활동하는 사람들이 일본보다는 미국의 영향을 많이 받았기 때문이라 생각해요.

현재 우리나라는 '창의'와 '창조'가 거의 같은 의미로 해석되고 있으나 이는 다른 의미로 해석되어야 옳다고 생각합니다. 앞으로 우리의 대화에서는 '만든다'와 '결과물'에 대한 개념은 '창조'라는 말을 사용할 것이고, 나머지는 모두 '창의'로 통일할 거예요."

"아, 그렇군요! 그런데 우리의 대화나 선생님이 직접 쓰시는 글에서는 그렇게 해도 좋은데 다른 인용 글을 사용할 경우 문제가 있지 않을까요?"

나는 걱정스런 얼굴로 물었다.

"이 원칙은 이곳에서만 적용한 것이 아니고 『아무도 생각하지 못하는 것 생각하기』 『창의적 자유인』 『아하!』를 번역할 때, 그리고 사보를 포함해 다른 원고를 쓸 때도 적용한 내 나름의 원칙입니다."

P선생은 단호하게 말했다.

여기까지 듣고 나는 질문했다.

"창의성의 어원, 창의와 창조의 차이에 대해 알아봤는데, 그럼 도대체 창의성은 어떻게 정의하죠?"

3) 창의성의 정의

"창의성의 정의야말로 창의성을 말하는 사람의 수만큼 매우 다양해요. 오죽하면 골드맨(R. J. Goldman)은 '창의성이란 우산 같은 용어라서 그 밑에 모든 것이 다 들어올 수 있지만 정작 그 밑에는 아무 것도 없다'고 말했겠습니까."

나는 의심스러워 물었다.

"왜 그렇게 다양한 정의가 존재하죠?"

"그 이유는 여러 가지가 있겠지만 내가 생각하기에 첫째, 창의성이란 단어는 포괄적이라 통일된 정의가 어렵다. 둘째, 연구자마다 성장과 학문의 배경이 다르다. 셋째, 연구자들이 창의성을 자신의 관심분야에 따라 정의한다. 넷째, 자기가 속해 있는 집단에서 합의된 대로 정의한다. 물론 이 밖에도 여러 가지 이유가 존재하겠지만 그 중 가장 큰 이유는 창의성을 다른 사람과 같게 정의하면 창의성이 없는 사람으로 낙인 찍힐까봐 그렇다고 생각해요.

예를 들어 창의력 교육 시간에 백지에 창의성의 정의를 적어내게 하면 많은 경우 비슷한 정의를 만날 수 있는데, 쓰지 않고 말로 하게 하면 적어놓은 내용과 전혀 다른 이야기를 하지요. 아마 자존심이 걸려 그런 것 같아요. 그래도 몇몇 사람들이 내린 정의를 알아봐야 겠지요. 한국, 일본, 미국, 나(P선생)의 정의를 알아봅시다."

"선생님, 정의가 다양하다고 하셨는데 특별히 이곳에 소개하는 사람들의 선발기준이 있나요?"

"두 가지 선발기준으로 설정했지요. 첫째, 나의 지인, 그분들은 창의성 분야에 대해 한국, 일본을 대표할 분들이시지요(최인수 교수, 임선하 소장, 다카하시 마코트). 둘째, 창의성 관련 여러 논문이나 책에서 대표적으로 소개되는 사람들이지요(아마빌, 스테인)."

◆ 창의성이란 새롭고 적절한 것을 생성해낼 수 있는 개인의 능력에 아이디어가
  생성된 맥락, 환경도 함께 고려된 것. (최인수 교수)
◆ 창의성은 새로움에 이르게 하는 개인의 사고 관련 특성이다. (임선하 소장 : 『창
  의성의 초대』 저자)

"최인수 교수는 '창의성이란 새롭고 적절한 것을 생성해 낼 수
있는 개인의 능력에 아이디어가 생성된 맥락, 환경도 함께 고려된
것' 이라고 정의했는데, 내용 중 새롭고, 적절한, 맥락, 환경에 대한
의미를 설명해주세요."

P선생께서는 창의성에 대한 정의 중 가장 일반적이고 폭넓게 인
정받고 있는 정의는 '새롭고(novel), 적절한(appropriate)' 이란
표현이 들어있는 것이라고 하였다. 그래서 먼저 '새롭고' '적절한'
에 관해 질문을 했다.

" '새롭다' 는 무엇을 의미하나요?"
"최 교수에 따르면 첫째, 새로운 것은 과거의 생각 또는 산물에서
변형한 새로운 것으로부터 발상 자체가 혁명적인 전혀 새로운 것에
이르기까지 매우 다양하다고 합니다. 둘째, 어떤 사람이 새로운 것
을 생성해낸다 해도 그 산물이 다른 사람에 의해 이미 개발되었거나
이미 다른 사회에서 존재하고 있다면 과연 새로운 것인가? 하는 두

가지 문제에 봉착하게 됩니다. 이 딜레마를 최 교수는 창의성을 심리적 창의성과 역사적 창의성으로 구분하여 풀고 있습니다.

심리적 창의성을 주장하는 사람들을 개인에게 있어 독창적이고 창의적이면 사회적 평가에 관계없이 창의적이라고 합니다. 반면 역사적 창의성을 주장하는 사람들은 창의적이라고 인정받기 위해서는 아이디어나 발견들이 사회적 평가를 거쳐서 그 타당성을 인정받고 그 결과로 창의적 산물을 낳아야 한다고 주장합니다."

"너무 내용이 어려운데 쉬운 예를 들어 설명해주세요."

"이렇게 설명하면 쉬울까요? 예를 들어 K과장이 평소에 창의력으로 고민하다가 새로운 창의성 스킬을 만들어냈다고 칩시다. 그런데 그 방법은 내가(P선생) 먼저 알아내어 책이나 인쇄물로 세상에 알렸는데 K과장은 그것을 보지 못한 겁니다. 이런 경우 심리적 창의성을 주장하는 이는 K과장의 행위를 창의성이 있다고 할 수 있으나 역사적 창의성을 주장하는 이는 P선생이 먼저 알아냈으니 그것은 창의적이라고 할 수 없다는 이야기죠."

"아하, 그렇군요!"

이어서 나는 창의성의 정의와 관련된 '적절성'의 의미를 물어보았다.

"최 교수는 역사적 창의성을 주장하는 사람들은 새롭고 독창적인 것뿐만 아니라, 적절함도 들어있어야 한다고 주장합니다. 그럼 누구에게 적절한가? 무엇보다 적절한가를 판단하는 것은 결국 비교와 평가과정이 수반된다는 것을 의미하고, 이는 당연히 평가자 주체가 있다는 것을 시사하게 됩니다. 이 과정에서는 평가자가 속한 시대와

문화적 맥락이 불가피하게 영향을 미치게 된다는 이야기입니다."

"이렇게 나라마다 다른 평가자가 존재한다는 건 한국과 미국의 창의성이 다를 수 있다는 말씀인가요?"

"좋은 지적입니다. 리처드 니스벳(미시간 대학교 심리학과) 교수가 쓴 책 『생각의 지도』를 읽어보면 동양과 서양의 생각의 지도는 너무나 달라 세상을 다른 눈으로 보고 있다고 설명합니다. 바로 이 점이 한국에서의 창의성은 다른 문화권에서의 창의성과는 다른 특수성을 가지고 있다는 말이죠."

"그런데 왜 한국에서는 미국 사람들이 만들어 놓은 창의성 분야의 책이나 프로그램, 검사 등이 마치 한국을 대표하는 것처럼 이야기하죠?"

"그게 바로 저를 화나게 하는 겁니다. 여러 가지 이유가 있겠지만 제가 생각하는 몇 가지 이유 중 가장 중요한 것은 한국에서의 창의성 분야에 대한 연구 부재를 꼽을 수 있습니다. 창의성의 경우 미국, 일본과는 달리 한국적 창의성을 연구한 자료가 거의 없습니다. 창의성 분야뿐만 아니라 인문사회계열을 비롯한 전 분야에 대한 연구가 상당히 부족한 상태예요. 이 점이 우리나라의 앞날을 걱정하게 만듭니다. 그동안 나라가 가난해서 먹고사는 문제에만 급급했기에 이런 부분엔 신경을 쓸 수 없었겠지요. 그러나 지금부터라도 이런 연구가 많이 진행되어야 할 겁니다. 그래도 희망이 있다면, 최근에는 최인수 교수처럼 한국적 창의성을 찾으려는 분들이 점차 나타나기 시작했다는 겁니다.

또 다른 원인으로는 대학교수들이 대부분 미국에서 공부했다는 것, 그리고 대기업의 경우 각종 기업교육 프로그램 선택 시 '글로벌

스탠더드'라는 미명 아래 미국 것을 마구잡이로 사용했다는 것입니다. 물론 국내외 컨설팅회사도 한몫 했지만 말예요. 물론 이 외에도 여러 가지 이유가 있을 수 있습니다."

"선생님 말씀을 들으니 이해가 갑니다만, 선생님도 책을 번역하거나 외국 프로그램을 강의하는 등 그 문제에 일조를 하신 것 아닙니까?"

"물론 그랬지요. 굳이 변명을 하자면 조금 전 이야기한 대로 연구자료의 부족으로 인해 어쩔 수 없이 외국자료(또는 프로그램)에 매달릴 수밖에 없었어요. 한 예로 책 번역에 참고하기 위해 번역하기 전에 여러 서점에 들러 창의성에 관련된 책을 모두 사서 읽어보았는데 한 마디로 엉망인 책이 많았습니다.

번역된 책은 대부분 창의력 전문가가 아닌 영어전문가가 번역했기 때문에 그 뜻이 전혀 전달되지 않거나 혹은 잘못 전달되는 부분이 너무 많았어요. 번역이 아닌 한국 사람이 쓴 책도 거의 다 읽어보았는데 제가 생각한 책이 아니었어요. 그래서 이렇다면 내가 나서서 좋은 창의력 책을 번역하여 세상에 내놓는 것이 이 분야에 공헌하는 길이라고 생각했습니다. 지금도 그때 판단이 옳았다고 생각해요. 그때 번역한 책이 지금도 대학 교재로도 사용되고 있고, 또 창의력에 관심 있는 사람들의 책상 위에 아직도 놓여있으니 조금이나마 공헌한 셈이지요. 또한 제가 지금 K과장과 함께 공부한 내용을 정리해서 만들 책 『대한민국 창의력 교과서』는 미국과 한국의 창의성에 가교 역할을 할 거라고 기대하고 있어요. 그만큼 나름대로 한국적이며 의미 깊은 내용이 담겨 있지요."

"저도 그렇게 되었으면 좋겠어요. 그런데 가교의 의미가 뭐죠?"

"여기서 가교란 그간 제가 미국과 일본 자료를 통해 공부하고 여러 시행착오를 거쳐 한국인의 생각과 체질에 맞는 부분을 찾아 이곳에 수록했다는 의미지요. 앞으로 더 많은 연구자들이 한국적 요소를 찾아 보완하면 한국적 창의성을 찾는다는 목표달성에 한몫 하게 되겠지요."

"꼭 그렇게 되었으면 좋겠네요."

K과장은 창의성 외에 P선생의 창의성에 관한 생각을 함께 들을 수 있어서 더욱더 이곳에 오길 잘했다고 생각했다.

"선생님, 조금 전 창의성의 정의에 '새롭고'와 '적절한'이란 내용이 들어간다고 하셨는데, 최 교수께서는 그것 외에 '맥락'과 '환경'도 함께 덧붙이셨습니다. 특별한 의미가 있나요?"

"K과장님, 만일 당신이 좋은 아이디어를 냈을 때, 팀장이나 사장이 그 아이디어를 무시했다고 합시다. 이럴 경우 아이디어를 내는 당신의 능력도 중요하지만 그 아이디어를 올바르게 평가하고 수용하는 기업문화나 풍토도 중요하다는 의미이지요. 아마 그런 생각은 최 교수가 미국 유학시절 자신의 지도교수였던 칙센미하이(Csikszentmihalyi)와 함께 연구한 프로젝트인 '창의성의 즐거움(Creativity)' 참가 시 여러 창의적 업적을 남긴 사람들을 인터뷰하면서 얻은 결론이라고 봅니다."

"선생님, 이곳처럼 뒤에 설명되는 창의성의 정의도 이렇게 상세하게 설명되나요?"

"그렇지는 않아요. 이곳에서 이렇게 자세히 설명하는 것은 뒤에 설명할 창의성 정의와 관련성이 많기 때문이며, 그때 중복되는 부분은 생략할 겁니다."

"알겠습니다."

"임선하 소장은 '창의성은 새로움에 이르게 하는 개인의 사고 관련 특성이다'라고 정의했는데, 여기서 '새로움'이란 최인수 교수의 '새롭고'와 같은 의미인가요?'

"임 소장은 최 교수와 일면 같고도 다르게 설명하지요. 어떤 준거를 충족시켜야 '새롭다'라고 할 수 있는지를 말하면서 새로움에 대해 다음과 같이 말합니다.

'첫째, 새로움의 판단에는 그 판단대상 아이디어를 산출한 사람이 속한 집단의 시간적·공간적 한계범위가 고려되어야 합니다. 이는 역사적 창의성을 이야기한 최 교수와 같은 의미죠. 둘째, 새로움에 부수되는 '쓸모 있음(유용성)'의 적용 시기가 문제가 됩니다. 이는 대단히 민감한 문제로 창의적인 산출물 중에는 너무나 새로워 당대에는 쓸 수 없다고 판정을 받았다가 시대가 지난 다음에 가치를 인정받는 경우가 있어요. 또 쓸 수 있음에 대한 효과의 정도를 고려해야 하며, 효과성이 있는 것만 아이디어로 받아들여지고 효과성이 없는 경우는 무시됩니다.'

이와 같은 고려사항이 단독으로 혹은 복합적으로 작용하여 산출된 아이디어의 '새로움'이 만족 여부를 결정한다고 했지요. 또 임 소장은 집단보다는 개인사고를 강조하고 있어요. 그리고 개인 특성을 지적하는데 이는 유전, 경험, 지력 등을 포함한 쉽게 변하지 않는 지속성을 띤 것으로 인성 이상의 것을 의미한다고 이야기하지요."

"그렇군요! 이제 일본의 창의성 정의를 알아보았으면 합니다."

◆ 창조성이란 여러 가지 정보를 결합에 의해 새로운 가치를 만들어 내는 것이다.
  (다카하시 마코트(高橋 誠) : 『창조력 사전』의 저자)

"아! 선생님께서 말씀하신 것처럼 일본은 '창조'라는 단어를 쓰네요. 정말 재밌습니다. 그러면 다카하시 마코트의 정의를 설명해 주세요."

"마코트는 『창조력 사전』에서 본인이 정의 내린 창조력을 예로 들어 설명합니다.

'한자(漢子)에서 히라가나와 가타카나를 만든 일본인의 능력은 창조와 다르지 않다고 생각합니다. 틀림없는 창조성의 결과이며 창조력의 소산입니다. 일본의 근대화 역사는 겨우 100여 년입니다.

그 흐름이 '캐치업(Catch-up)의 역사'라고 해도 과언은 아니죠. 새로운 지식이나 문화를 재빨리 만들고자 하는 움직임은 우선 모방하는 일이었고, 모방한 것으로부터 좀더 나은 것을 만들고자 하는 역사였죠. 특히 2차 세계대전 후에는 미국을 중심으로 한 구미(歐美)의 선진기술을 수입하여 이를 좀더 발전시켜 효율화하는 노력이 오늘의 일본을 있게 한 것입니다.

그 전형적인 예가 QC(Quality Control) 기법이었다고 생각합니다. 데밍 박사가 고안한 품질관리에 관한 QC 기법은 일본에서 크게 꽃을 피워 생산대국 일본의 생산 시스템을 만들어냈어요. 그러나 QC 수출국인 미국에서는 꽃을 피우기는커녕 오히려 일본으로부터 카이젠(改善)이라는 일본어를 역수입하여 '카이젠(KAIZEN) 운동'이 급속히 보급되고 있습니다. 그렇다면 QC 기법의 오리지널리티는 미국에 있는 것일까요? 일본에 있는 것일까요?

마코트는 이런 의문을 제기하면서 '최초 아이디어를 낸 사람이 주인이다'라고 주장하는 미국과는 다른 창조성의 정의가 필요하다고 주장했어요."

"일본의 창조성 정의를 듣고 뭐 느낀 점 없어요?"라는 P선생의 질문에 나는 "글쎄요?"라고 대답했다.

"내가 지난번 마코트를 만났을 때 '국가적 차원으로 창의성을 정의하는 게 대단히 중요하고, 그러기 위해 기간도 10년 정도 걸릴 텐데 한국에서는 아직 그런 작업을 시작하지 않은 것 같아 안타깝다'는 말을 들었어요. 그런데 제 생각은 다릅니다."

"선생님은 어떻게 생각하시는데요?"

"그가 내리는 일본의 창의성 정의와 캐치업의 역사가 한계에 도달한 거죠. 일본이 고도성장했던 2차 세계대전 후부터 1980년도까지의 경제를 100미터 육상경기에 비교할 수 있어요. 그래서 출발은 미국에서 시작하여 50미터쯤에서 캐치업하고 100미터 통과는 항상 일본이 이기는 게임을 했죠. 그런데 1980년 이후엔 100미터 경기가 10미터 경주로 바뀐 겁니다. 그러니까 캐치업으로 성장이 불가능해진 거죠. 그래서 1980년대 이후 '잃어버린 10년'을 가져오는 데 결정적 역할을 했다고 생각해요. 이런 경험 때문에 1990년 이후엔 일본도 창조성의 정의에 대해 다시 생각하는 기회를 갖고 있다는 소리를 들었어요."

"아, 그렇군요! 창의성이 나라의 경제와 발전에도 큰 영향을 미치는군요. 그러면 미국의 창의성 정의에 대해서 말씀해주세요"

[강의 노트 - 미국]

◆ 창의성이란 새롭고 적절한 것을 생성해 낼 수 있는 개인의 능력
  ─ (테레사 아마빌 (Amabile, T, M.) 하버드 경영대학원 교수)

◆ 창의성은 4P이다 : Product(산출물), Process(사고 과정), Person(사람),
  Persuasion (평가 과정) ─ (스테인 (Stein, M.))

"아마빌 교수는 창의성의 정의를 '새롭고 적절한 것을 생성해낼 수 있는 개인의 능력'이라고 했는데, 이는 최인수 교수가 내린 창의성 정의에서 충분히 설명했으니까 그대로 적용하면 될 겁니다".

"그러면 왜 이곳에 소개해 놓았습니까?"

"이곳에 소개한 이유는 아마빌과 스테인의 창의성 정의가 현재 창의성을 연구하는 사람들에게 가장 폭넓게 받아들여지고 있는 대표성을 띠고 있기 때문이지요."

"지금까지의 창의성 정의와 달리 스테인은 '4P'라는 새로운 정의를 했는데 그 의미를 알려주세요."

"스테인의 4P 정의가 창의성 정의에 대한 종합선물세트 같다는 느낌이 들어요. 여러 요소가 포함되어 있다는 이야기지요. 스테인의 4P는 Product(산출물), Process(사고 과정), Person(사람),

Persuasion(평가 과정)을 뜻합니다. '산출물(Product)'이 창의적 성과물로 인정되기 위해서는 '타당성'과 '새로움'이 있어야 합니다. 여기서 '타당성'이란 만일 내가 K과장에게 '2+2=?'을 묻는데 '자장면'이라 하면 매우 독특한 대답이지만 타당하다고는 할 수 없죠. 어떤 과제에 대해 그것의 성취를 이룰 수 있을 때 '타당성'이 있다고 할 수 있지요.

또 '새로움'이란 앞서 설명한 내용과 동일하니 넘어가지요. 창의적 성취를 위한 개인의 '사고 과정(Process)'에 대해 토머스 워드 교수는 『창의성과 정신』에서 '창의성에 관여하는 우리의 접근 방식은 우리 두뇌에 담겨 있는 거대한 지식체계와 그 지식을 바탕으로 한 정신활동에 집중된다. 비록 많은 요인이 창의성에 영향을 미칠지라도 지식과 그 지식을 교묘하게 다루는 사고 과정이야말로 창의적 아이디어를 형성하는 가장 중요한 재료이다. 즉 지식은 벽돌이자 회반죽이며 목재이자 못이다. 사고 과정은 해머와 톱, 흙손과 같은 연장이다'라고 사고 과정의 중요성을 강조했지요.

'사람(Person)'은 앞서 설명한 임선하 소장의 개인사고와 특성에 관련이 깊어요. 마지막으로 '평가 과정(Persuasion)'은 최인수 교수의 '적절성'과 같은 의미로 해석됩니다. 4P의 정의에 대해 최 교수는 '사고 과정'과 '사람'은 심리적 창의성에, '산출물'과 '평가 과정'은 역사적 창의성의 부분집합이라고 볼 수 있다고 이야기합니다."

"아마빌의 정의나 스테인의 4P를 이렇게 설명하시니, 앞서 최 교수의 창의성 정의를 설명하실 때 자세하게 하신 이유를 이제 알겠네요. 이젠 선생님의 정의가 무엇인지 궁금해요."

◆ 창의성= 새로운+?

"앗! 강의 노트를 보니 너무나 간단하네요".

"그래요. 그래도 많은 고민 끝에 내린 정의입니다.. 나는 창의성은 '새로운 무엇'이라고 정의하고 싶어요."

"그럼 '새로운'의 정의가 최 교수의 정의와 같은 의미인가요?"

"좀 다르긴 하지만 그건 조금 뒤에 설명하고, 무엇(?)에 관해 설명해보죠. 이곳에 유 · 무형의 무엇이든지 적용이 가능하다고 생각해요. 예를 들어 생각, 방법, 행동, 제품 등이 새로운 생각, 새로운 방법, 새로운 행동, 새로운 제품이면 창의적이라는 거지요. 그러면 '새로운'에 관한 이야기를 해보죠. 저는 '새로운'의 기준을 설정하고 싶은데 '새로운'은 나, 조직, 국가라는 세 가지 기준을 설정하고 싶어요. '나'가 기준인 경우 그 의미는 '변화'의 의미이며 또한 최 교수의 심리적 창의성과 같은 의미이고, '조직'의 경우 새로움이란 '제안 혹은 발명(특허)'을 의미하고, 국가의 경우 '발명(특허)'을 의미해요. 여기서 조직과 국가의 경우 역사적 창의성의 의미일 수 있지요. 특히 나는 '변화'와 조직의 '제안'의 경우는 '아마추어 창의성' 그리고 조직의 '발명'과 국가 '발명'은 '프로 창의성'이라고 부르고 싶어요. 프로야구를 보면 학창시절 아마추어로 활동하다가 그 생활이 끝나면 프로 생활을 하잖아요. 나는 창의성도 같은 맥락에서 이루어져야 한다고 생각하지요. 그런데 우리나라 사람들은

'프로 창의성'만을 창의성이라고 생각하는 경향이 있어요. 그래서 창의성은 나와 무관한 일이고 천재들의 전유물로만 여기고 있어 안타깝게 생각합니다."

"선생님, 선생님의 정의는 간단하고 심리적, 역사적 창의성을 결합한 좋은 정의란 생각이 드는데, 몇 가지 궁금한 사항이 있습니다. 먼저 '유용성'이란 측면이 간과된 것 같은데요?"

"다양한 창의성의 정의 중에는 '유용성' 혹은 '선의'라는 내용이 많이 있는데, 나는 이 부분은 상식선에서 해결이 가능하다고 생각합니다. 예를 들면 도둑이 아파트 우유 투입구를 통해 문을 열고 도둑질을 했다고 신문에 나는 경우와, 119 소방대원이 아파트에 불이 나서 도둑과 같은 행위로 문을 열고 진화작업을 했다고 가정해 봅시다. 이 경우 이 소방대원의 행동은 '창의적 행동'이라고 생각할 수 있죠. 불을 끈다는 목표달성을 위한 행동으로 '선의'를 전제로 한 행동이지요. 물론 도둑도 물건을 훔치려는 목표달성을 위한 행동이었지만 이 행위를 '선의'라고 부를 사람은 없죠. 이처럼 같은 행동을 해도 상대적으로 엄청난 결과의 차이를 나타나기 때문에 이 부분은 상식선에서 해결이 가능하다고 믿지요."

"그래요. 그러면 조금 전 창의성은 아마추어에서 프로로 가는 게 순서라고 말씀하셨는데 개인(나)에 관한 말씀을 좀 해주세요."

"그래요. 나는 개인의 '아마추어 창의성'은 또 다른 정의로 '창의성＝생활'이라고 하고 싶어요.

만일 나와 같이 '1인 기업'을 경영하는 사람이 창의성이 없다면 경영이 불가능했을 거예요.

그런데 나는 강의하고 컨설팅하고, 또 책을 쓰는 것도 '창의성 생활화'의 결실이라고 생각하는 사람이지요."

"좀더 쉽게 설명해주세요."

"그런 예는 수없이 많죠. 음식을 만드는 경우를 생각해 봅시다. 나는 개인적으로 우리나라 음식은 창의성을 많이 발휘한 작품이라 생각해요. 만일 어린이와 엄마가 함께 비빔밥을 만들어 파는 식당에 와서 비빔밥을 먹으며 '엄마! 한약은 써서 도저히 못 먹겠어요' 라고 하자 엄마가 '그래, 쓰지, 그래도 코를 막고 꿀꺽 마셔. 한약도 비빔밥처럼 맛있으면 좋을 텐데…? 하는 이야기를 들었다고 칩시다. 식당주인은 무슨 생각을 할까요? 제가 주인이라면 기름 대신 약을 넣어 비비든지, 혹은 약초를 야채 대신 넣은 비빔밥을 생각하죠. 그 아이디어를 가지고 한의사나 대학의 한의학과에 찾아가 성분분석을 통해 '감기 뚝 비빔밥' '관절 치료 비빔밥' '위장 오케이 비빔밥' 등을 만들어낼 수 있을 겁니다.

또 다른 예를 들면, 우리 막내딸의 초등학교 때 이야기예요. 생일이 양력은 1월 29일(음력12월 29일)인데, 이때가 방학이라서 자기 반 친구들하고의 생일잔치가 불가능했어요. 그래서 자기 반 아이들에게 물어서 학원에 가지 않는 토요일을 잡아 그날을 자기 생일이라고 정해 부모님께 알리고 잔치를 벌여 선물을 받았어요. 그리고 자기와 친한 사람은 양력 날짜를 선택하여 집으로 초대해서 선물을 받던데… 이렇게 '선물 받는 것' 이 목적이었다면 나는 이것 또한 창의적 행동이라 생각해요."

"아, 그렇군요! 저도 창의성을 생활화하도록 노력해야겠어요. 지금껏 여러 사람의 창의성 정의를 알아보았는데, 그 내용을 정리한다면 어떻게 정의할 수 있을까요?"

"최 교수는 창의성의 정의에 관한 연구를 크게 나누면 심리적이냐 역사적이냐의 범주로 구분할 수 있고, 이 두 가지의 개별적 구분은 시간이라는 한 차원에서 이루어지기 때문에 연속적인 과정으로 합쳐질 수 있다고 했는데, 이는 창의적 성취를 이루기 위해서 무엇보다 필요한 아이디어는 개인의 사고 능력과 창의적 특성으로부터 먼저 나오고 시간이 흐르면서 평가·선택되어 최종 산출물이 되기 때문이라고 이야기하죠."

"그렇게 정리하면 되네요. 그런데 궁금한 사항이 또 있는데요. 만일 사람들마다 창의성의 정의를 달리 내린다면 창의적 에너지 낭비가 심하지 않을까요?"

"참 날카로운 질문이네요. 그렇죠. K과장 이야기가 맞아요. 만일 K과장의 이야기를 그림으로 그리면 그림1과 같지요."

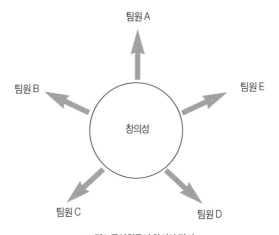

그림1. 구성원들의 창의성 정의

그림1에서처럼 구성원들의 창의성에 관한 생각이 다를 때에는 창의적 에너지 손실이 커요. 이것을 줄이거나 방지하는 방법에 대해서는 뒤에 '창의성의 한 방향정렬' 에서 자세히 다룰 거예요."

"예, 알겠습니다. 이렇게 하면 창의성 정의에 관한 강의는 끝난 건가요?"

"그래요. 조금 쉬었다 다시 하죠."

"예, 알겠습니다."

잠시 휴식 시간, 코끝에 스치는 커피 향기가 감미로웠다.

"K과장, 조금 전 커피를 마시며 뭔가 골똘히 생각하던데 무얼 생각했어요?"

"내가 사람을 봤을 때 저 사람이 창의성이 있는지 없는지 알 수 있는 방법이 있다면 얼마나 좋을까 생각했습니다."

"그건 알기가 쉽지 않지요. 사람이 괴팍한 행동을 하거나 말을 잘한다거나 해서 저 사람이 창의성 있다고 판단하기는 어렵지만, 일단 나는 남을 잘 웃기는 사람은 창의성이 있다고 생각해요."

"남을 잘 웃기면 창의성이 있어요?"

"창의성과 유머의 원리가 비슷하다고 생각하는 사람들이 많지요."

"정말입니까? 누구예요?"

4) 창의성과 유머

"'수평적 사고' 라는 창의적 사고 스킬을 만든 에드워드 드보노는

'창의성과 유머는 똑같이 비대칭 현상에서 생긴다'고 말했습니다."

"선생님, 비대칭이 무슨 뜻인가요?"

"드보노가 말하는 비대칭이란 이런 겁니다. 우리의 두뇌는 뭔가를 경험하면 머리에 흔적을 남기는데, 한 번 남긴 흔적은 다음에 예전에 경험한 것과 '똑같은 개념의 경험'을 하게 되면 이미 만들어진 흔적을 따라 들어갑니다. 여기서 이야기가 논리적으로 시작되어 경험의 흔적을 따라 흐르다가(대칭), 갑자기 그 흔적(논리) 밖으로 벗어나는 현상을 '비대칭'이라고 이야기합니다."

"이해하기 어렵네요!"

"그래요? 하지만 조금 더 설명하면 이해가 될 거예요."

[강의 노트 ─ 유머의 원리]

◆ 관념과 실제 사이에서 웃음이 발생한다. ─ 쇼펜하우어

◆ 기대했던 것이 갑자기 사라질 때 웃음이 나온다. ─ 임마누엘 칸트

◆ 인간의 높은 야망과 낮은 실천 사이에서 웃음이 나온다 ─ 말콤 머거리지

"위 노트에서 보면 흔적에 해당되는 것이 실제, 기대했던, 낮은 실천이고, 비대칭으로 벗어나는 것이 관념, 사라짐, 높은 야망이지요. 이것을 최근 신문에 난 유머를 통해 설명해볼게요."

〈장기근속의 비밀〉

직원이 신경질적으로 헛기침을 한 뒤 굳은 자세로 사장에게 말했다.

직원 : 저는 25년간 일하면서 한 번도 월급을 올려 달라고 부탁하지 않았습니다.

사장 : (   )

"많은 사람들은 사장이 (   ) 안을 '그래 경기가 좋아지면 올려 줄게' 처럼 흔적대로 말할 거라고 기대하지요. 왜냐하면 사람들은 그 흔적 안에서 머무르는 것이 마음이 편안해서입니다. 그런데 이렇게 흔적대로 논리적 방식으로 대응하면(대칭) 웃음이 만들어지지 않지요. 여기서 사장의 대답이 다른 사람들이 전혀 생각하지 못한 (비대칭) 방향으로 말할 때 사람들은 웃는 겁니다. 한번 만들어 보세요. 뭐라고 말하면 사람들이 웃을까요? 이런 것을 연구하는 사람들이 개그맨들이지요."

"글쎄요?"

나는 힘없이 대답했다.

"신문에는, 사장은 '음, 바로 그 때문에 자네가 나와 25년간 일할 수 있었던 거야' 라고 말했습니다. 이렇게 말함으로써 직원의 무능함에 일침을 놓아 스스로 반성의 기회를 만들고, 동시에 다른 사람들에게는 웃음을 주지요. 모든 유머 원리가 이런 방식으로 되어 있습니다. 이제 비대칭이 이해되나요?"

"예, 그런 원리였군요."

"K과장도 회사에 가면 창의성이 넘칠 수 있도록 유머러스한 팀 분위기를 만들어봐요. 요즘 재미(fun) · 유머 경영이 유행이잖아요. 사실 그 밑에는 창의성이 흐르고 있다고 생각하는 사람은 많지 않아요. 그냥 하면 된다고 생각하지요."

"어떻게 만들면 될까요?"

"요즘 TV에도 유머 코너가 많이 있으니 처음에는 조금 전에 이 야기한 '유머 원리'를 생각하면서 보고 그들이 사용했던 대사를 그 대로 하고 비대칭 부분의 말만 바꾸어 전달하는 연습을 해봐요. 나 중에는 본인 스스로 자료를 발굴하여 '유머 원리' 대로 연습을 하는 거지요.

처음에는 썰렁 개그가 되겠지만 곧 남들도 웃게 됩니다. 월요일 회의 시작 전 각자 유머 하나씩을 준비해 와서 웃고 시작하는 겁니 다. 그렇다면 월요병이 사라질지도 모르지요."

"아! 그것 한번 해봐야겠네요. 그런데 선생님, 가끔 잡지나 신문 에서 '유머 있는 사람이 성공한다'고 하잖아요. 그건 '창의성 있는 사람이 성공한다'로 바꿔도 무방한가요?"

"맞습니다. 바로 그런 논리가 숨어있지요. 실제 해외에서는 제품 개발을 담당했던 분들이 사장이 되는 경우도 많아요. 그리고 우리나 라도 벤처기업이나 중소기업 사장들 중에서 창의력이 뛰어난 사람 이 많지요. 그분들도 사람을 잘 웃겨요."

"그렇군요, 선생님. 어떤 사람이 유머를 하면 썰렁 개그가 되어 사람들은 웃지 않지만 어떤 사람이 유머를 하면 크게 웃는데 그 웃 음의 차이가 있나요?"

"굉장히 어려운 질문이네요."

"제가 잘못된 질문을 했나요?"

"그건 아니고, 웃음이 나오는 원리를 알아야 됩니다. 눈, 귀 등의 감각기관을 통해 외부정보가 입력되면 머릿속에 전달될 때 순간적 판단에 의해 나누어 입력됩니다. 의지의 중추인 대뇌 신피질에 정보가 도달하는 경우에는 사교상 웃음 또는 긴장완화의 웃음으로 얼굴 근육이 움직이며 웃음소리가 나는데, 이런 경우를 비즈니스 유머(썰렁 개그)라고 하며 그 내용을 들어본 적이 있거나 재미없어도 그냥 웃어주는 게 상대방에 대한 배려지요. 두 번째, 자율신경중추인 시상하부나 감정의 중추인 변연계에 정보가 도달하는 경우에는 얼굴 근육이 움직이고 웃음소리, 눈물, 몸의 진동 등을 경험하며 쾌락의 웃음을 웃을 수 있고 스트레스도 한방에 날려버리지요. 어쩌면 그것이 진정한 유머의 진수일 수 있으나 이는 쉬운 일은 아닙니다. 그게 쉽다면 전 국민이 개그맨이라 직업의 분류에는 개그맨이 없겠죠?"

"그럼, 저도 유머 연습을 많이 해야겠네요."

나는 벽에 걸린 거울에 내 모습을 바라보면서 머리를 쓰다듬었다.

"선생님, 요즘 신문, 잡지, TV 등에서 '혁신'이란 이야기를 매일 하잖아요. 그것도 창의성과 관련이 있나요?"

"물론 사람들 중에는 같은 개념으로 생각하는 사람들도 많지만 두 단어는 다른 의미를 갖고 있지요."

5) 창의성과 혁신

"혹시 앞서 설명한 창의성 정의에서 아마빌의 정의가 생각나요?"

"……"

나는 짧은 시간에 많은 것을 배워 잘 기억할 수 없었다. 그래서 내가 정리한 노트 앞장을 넘겨보니 그곳에 이렇게 쓰여 있었다. 창의성이란 '새롭고 적절한 것을 생성해낼 수 있는 개인의 능력(아마빌(Amabile, T. M), 하버드 경영대학원 교수)'.

"그런데 아마빌 교수는 '혁신은 창의성을 통해 생성한 아이디어를 실행함으로써 세상의 질서를 바꾸는 것'이라고 정의했어요."

"그럼 혁신과 창의성은 차원이 다른 이야기네요."

"그렇죠, 하지만 사람들은 혁신의 프로세스 첫 단계가 아이디어 생성인데, 그 부분을 포함해서 창의성과 혁신은 같은 의미라고 생각하고 그렇게 부르고 있지요. 하지만 이곳에서는 혁신에 관해 자세히 말하지 않을 예정입니다. 왜냐하면 창의성에 중점을 두고 설명할 예정이기 때문이죠."

"예, 잘 알겠습니다. 하지만 궁금한 것 딱 한 가지만 질문할게요. 혁신이 어렵다고 하는데 왜 그런 거죠."

"혁신에는 항상 뒤따르는 것이 불확실성이라고 생각해요. 누가 혹은 조직이 어떻게 하자고 아이디어를 내면 '그럽시다' 대답만 하지 실행을 하지 않지요. 여기에 나는 우리 국민성이 한몫한다고 생각해요. 우리나라는 불확실성 회피가 강한 나라예요. 홉스테드의 저서 『세계의 문화와 조직』을 보면 53개국의 불확실성 회피지수(0점 : 가장 약한 나라, 100점 : 가장 높은 나라) 평가에서 한국은 85점(16위), 미국은 46점(43위), 싱가포르는 8점(53위)이지요. 이 책에서 그가 지적하는 불확실성 회피 경향이 강한 나라 사람들의 특징은 바쁘게 움직이고, 안절부절못하고, 감정적이고, 공격적이고, 활동적입니다. 또 그는 한국 사람들은 근무시간 후에 동료들과 어울려 술을 마시는 것으로 불안의 배출구를 찾기도 한다고 했습니다. 술자리에 어울렸던 사람들은 평소에 억눌렸던 공격심, 심지어 상관에게 향하는 공격심까지 표현하는 해방감을 맛보게 되죠. 그러나 다음날이 되면 모든 일들이 평상시처럼 돌아옵니다. 이러한 술자리는 불안감을 해소할 수 있는 제도화된 장소와 시간의 하나라고 쓰고 있어요."

"어쩜 홉스테드가 내 이야기를 하고 있죠?"

"K과장, 술 권하는 한국 사회에 앞으로 술 마실 일이 더 많이 생길지 몰라요."

"그게 무슨 소리죠?"

"혁신을 통해 조직에 대단한 변화가 생길거라고 예상돼요. 피터스의 저서 『미래를 경영하라』에서는 기업들에서 혁신의 결과 화이트칼라가 15년 안에 80퍼센트 정도 사라지게 될 것이고, 그 80퍼센트 중 창의성이 뛰어나 '창의적인 지적자본을 축적'한 일부 사람들만이 다시 모여 '전문 서비스회사(PSF : Professional Service Firm)'를 만들어 활동할거라고 했어요. 한 걸음 더 나가 리처드 플로리다 교수는 창의성의 시대는 허상이 아니라 이미 왔다고 말하면서 그의 저서 『창의적 변화를 주도하는 사람들(Creative class)』에서 1999년 현재 창의적 계급은 미국인 3,830만 명을 비롯하여 전체 미국 노동인구의 30퍼센트를 차지하고 있는데, 이는 1990년의 약 300만 명에서 10배가 증가한 수치로 앞으로 점점 증가의 속도가 빠를 것이라고 했어요. K과장도 훗날 그런 PSF의 일원이 되거나 창의적 계급에 편입되려면 지금 창의성 공부를 열심히 해야만 해요. 나와 같이 공부하는 이 시간이 K과장에게는 인생의 새로운 전기를 맞는 소중한 시간이 되었으면 해요."

내 머리엔 쿵! 하고 해머 떨어지는 소리가 들렸고, 눈에는 차량 헤드라이트가 켜지는 느낌을 받았다.

2. 창의성이 존재하는 곳

"선생님, 창의성은 어디에 있을까요?"

"K과장은 어디에 있다고 생각하는데요?"

"저야 당연히 머릿속에 있다고 생각하죠."

"그래요. 예전에는 K과장 말처럼 뇌안에 있다고 생각했는데, 최근에는 조직에도 있다는 사람들이 나타나기 시작했어요. 우선 뇌 이야기부터 해봅시다."

1) 뇌

"우리 뇌의 크기와 무게는 얼마나 될까요?"

"글쎄요?"

"K과장, 두 주먹을 꼭 쥐고 함께 붙여봐요."

"이렇게요?"

나는 두 주먹을 붙이고 선생님 앞으로 내밀었다.

"뇌는 자기 두 주먹을 쥐어 합친 크기만 하고, 무게는 약 1,400~1,500그램 정도 나가지요."

"선생님, 그럼 뇌가 크면 공부도 잘 하나요?"

"크다는 것은 무거움을 의미하지만 꼭 그렇다고 증명된 건 없어요. 예를 들면 철학자 칸트의 뇌 무게는 1,650그램으로 일반인보다 무겁기 때문에 문득 천재들은 뇌가 무겁구나 하고 오해할 수 있겠지만, 노벨상을 받은 프랑스 작가 아나톨 프랑스(Anatole France)는 뇌의 무게가 1,017그램이었어요. 그러니까 '뇌의 무게가 지성과 반드시 비례하지는 않는다' 고 할 수 있죠."

"예, 그런데 뇌의 무게에 의해 차이가 나는 것은 없을까요?"

"관심 있으면 한번 연구해 보세요."

"선생님, 또 궁금한 사항이 있는데요, 조금 전 두뇌는 두 주먹을 합친 크기라고 하셨는데, 양손은 따로 떨어져 있으니 붙어있을 수 없잖아요?"

"K과장, 내가 퀴즈하나 낼게요. 강북과 강남은 무엇으로 연결해요?"

"그야 한강철교, 동작대교, 마포대교 같은 다리죠."

"맞았어요. 그러면 지금 말한 세 다리의 공통점은?"

"그야 강북과 강남을 연결한다. 끝이 '교' 자로 끝난다."

"바로 그거예요. 조금 전 주먹은 오른손은 좌뇌, 왼손은 우뇌이고, 우뇌와 좌뇌를 연결하는 다리인 '뇌량'이 중간에 있지요."

"선생님, 오른손은 좌뇌, 왼손은 우뇌와 연결되었다고 하셨는데, 혹시 반대로 말씀하신 것 아닌가요?"

"그건 신경이 반대로 연결되어 있기 때문이에요. 주변에 중풍을 앓고 있는 환자들 중에서 왼쪽 부분에 마비가 온 사람은 우뇌에 문제가 발생했다는 증거입니다."

"아! 신경이 그렇게 연결되어 왼손을 많이 사용하면 우뇌가 좋아진다고 하는군요."

"그렇게 말하는 사람들도 있지만, 실제는 그렇지 않다고 이야기하는 사람들도 많아요.

연구에 의하면 왼손잡이들도 오른손잡이처럼 좌뇌 중심 사고를 하고, 반대로 우뇌를 많이 활용하는 사람들도 왼손잡이와 관계가 없다는 결과가 많아요. 그래도 모르니 잘 사용하지 않는 손을 써보도록 노력하세요. 필요할 때가 있겠지요."

"그런데 왼손잡이, 오른손잡이는 유전인가요?"

"세계 인구의 약 90퍼센트가 오른손잡이인데, 이것은 인간만이 가지고 있는 특징이지요. 지구상에 다른 동물들은 왼손, 오른손의 차이가 없거나 혹은 50:50의 분포를 보여요. 그리고 왼손잡이의 부모 84퍼센트가 오른손잡이라는 통계가 있으니 반드시 유전은 아닌 것 같아요."

"참 재미있는 이야기네요. 그러면 연결다리인 뇌량에 관하여 말씀해주세요"

"뇌량은 길이 약 10센티미터, 두께 약 0.6센티미터인 길쭉한 모양의 신경섬유다발로 연결되어 있어요. 그리고 좌우뇌의 정보를 통합하여 완전하게 합쳐진 상을 제공하는 역할을 해요."

"그러면 일반적으로 여자의 주먹이 작은데, 뇌량의 남녀 차이는 없나요?"

"일반적으로 남자보다 여자의 주먹이 작아요. 그런데 뇌량의 끝부분은 여자가 남자보다 약 20퍼센트 정도 더 커요. 이것은 여자에게 몇 가지 남자와 다른 점을 갖게 합니다. 예를 들면 여자의 뇌는 언어기능이 우수해 말을 더듬는 일이 남자에 비해 훨씬 적고, 혼잣 말을 잘하고, 또 남자는 감지가 어렵지만 여자는 '딱 보면 안다'는 그 대단한 '육감(六感)'도 여기서 나온다는 설이 있어요."

"어쩐지 내가 집에서 아내와 말로 싸우면 항상 지는 이유를 이제 알겠네요. TV나 잡지 등에서 '창의력을 키우려면 우뇌를 발달시켜야 한다'고 광고하는 것을 자주 보는데 이건 맞는 말인가요?"

"우선 그 이야기를 하려면 좌우뇌가 어떤 역할을 하는지부터 알아야 하지요?"

"선생님, 좌우뇌의 역할에 앞서 좌우뇌가 구분될 수 있다는 것을 어떻게 알았을까요?"

"그것은 간질 연구를 하다가 알아냈어요."

"간질?"

"간질은 갑자기 바닥에 쓰러져서 비명을 지르며 무의식 상태가 되며, 경련이 일어나면서 심하게 몸을 뒤트는 현상으로 대개 1분 이내 끝나요. 그런데 이 병은 재미있는 일화를 가지고 있어요. 마케도니아의 알렉산더 대왕에게 간질이 있었는데, 그 시절 간질은 신이 주신 고통이라고 생각하여 그를 신화적 존재로 인식하게 만드는데 일조했지요. 그리고 르네상스 시대에는 간질 환자들은 마녀나 악마와 내통한다고 여겨 화형을 당했지요. 또 88서울올림픽에서 금메달을 세 개나 딴 여자 육상선수인 그리피스 조이너가 '엎드려 잠을 자다 간질이 발작, 고개가 돌아가면서 호흡곤란으로 사망했다'는 신문기사를 읽었어요. 한마디로 간질은 고치기 힘든 병이라는 거지요.

1940년에는 앞에서 설명한 뇌량의 기능을 정확하게 알기 전이었는데, 어떤 뇌 연구가가 뇌량이란 한쪽 뇌에서 일어난 간질방전을 다른 반구로 전달하는 것 이외에는 아무런 기능도 하지 않을 것이란 이야기를 했지요. 그때, 뇌량을 절단한다면 어떻게 될까 하고 와게 넌(W.P. Van Wagenen)과 그의 동료 아켈티스(Andrew Akelaitis)가 의심을 품고 뇌량을 절단했는데 환자들에게는 아무런 변화가 없었습니다. 간질발작만 멈추는 신기한 일이 발생했지요. 그로부터 20년 뒤 스페리(Rogor W. Sperry)와 그의 동료들, 특히 가자니가(Michael S. Gazzaniga)는 뇌량의 기능에 관한 연구를 다시 연구하기 시작했어요. 그들이 연구를 하면서 간질병 환자의 뇌량을 절단하고 난 뒤 환자들에게 나타나는 몇 가지 흥미로운 현상을 발견하기 시작했지요. 어느 환자의 오른손에 어떤 물건을 들게 하면 그는 무엇을 들었는지 말할 수 있었어요. 오른손의 정보가 좌뇌로 가기 때문에 가능했지요. 그러나 물건을 왼손으로 들면 그는 말하지 못하고 추측만 할 뿐이었지요. 그는 나중에 우뇌가 물체를 인식하고 기억하고 있음을 나타내면서 왼손으로 다시 그 물체를 가리킬 수 있었어요. 이 실험을 통하여 좌우뇌가 하는 일이 다르다는 것을 알게 되었지요."

"이런 실험에서 좌우뇌 분리론이 나왔군요."

"이것은 뇌 연구에서 대단한 발견이었으며 큰 공헌이었지요. 그래서 1981년도에 스페리 팀은 노벨 생리의학상을 수상했답니다."

"위 실험이 뇌량을 절단해서 얻은 결과라면 정상인에게도 똑같이 적용될까요?"

"똑같이 적용된다고 보기는 어렵지요. 왜냐하면 뇌량의 연결을 생각한다면, 뇌 기능을 정상적으로 발휘하게 하여 효율적으로 사용

대한민국 천재 교과서

그림2. 좌뇌와 우뇌의 기능

하기 위해서는 한쪽 뇌의 편중보다는 좌우뇌의 균형을 맞추는 게 훨씬 효과적이라고 생각할 수 있지요."

"좌우뇌의 균형이란 무슨 뜻입니까?"

"K과장이 가족들과 함께 시골길을 차로 달리고 있다고 가정해봐요. 유유자적하며 풍경이 아름다운 전원과 가로수를 감상하면서 드라이브를 즐기고 있는데 갑자기 신호등이 빨간색으로 바뀝니다. 어떻게 해야되지요?"

"신호위반을 하지 않으려면 멈추어야죠."

"당연히 그렇지요. 그때 전원풍경과 가로수를 보는 행위는 우뇌의 기능이 담당하고, 신호등을 보고 멈추는 행위는 좌뇌의 기능이 담당하지요. 이처럼 우리는 항상 무의식적으로 좌우뇌를 함께 사용하면서 살고 있어요. 그러니까 조금 전 말했던 '창의력은 우뇌' 라는 이야기는 뇌량을 자른 상태에서는 맞는 이야기지만 연결 시에는 맞다고 하기 어렵지요. 그러나 대부분의 사람들은 균형보다는 한쪽 뇌를 많이 사용하기 때문에 '좌우뇌 균형'을 이야기합니다."

"그럼 뇌의 편중현상과 좌우뇌 균형을 일상생활에서 어떻게 감지할 수 있나요?"

"혹시 회사 내에 이런 형태의 사람이 있나요? '생각은 많이 나는데 무엇이라고 딱 잘라 표현할 수가 없네' 라고 말하는 부류와 생각은 잘 못하는데 남들이 생각을 말하면 잘 정리해놓는 사람."

"있어요. 우리 팀의 최 대리는 전자이고, 지우 씨는 후자이죠."

"그럼 최 대리는 우뇌 사용 편중이고, 지우 씨는 좌뇌 사용 편중을 나타냅니다. 결국 창의력이 뛰어나다는 것은 생각(우뇌)에다 표현, 정리(좌뇌)가 함께 조화를 이룬다는 뜻이에요. 바둑이나 장기를 둘 때 아마추어는 좌뇌로 두고 프로는 양뇌로 둔다는 연구가 있어요. 이 말이 당연하지 않겠어요? 우뇌로 바둑이나 장기판을 영상화하면서 좌뇌로 집수와 다음 수를 계산하는 거지요. 물리학자 아인슈타인도 마찬가지입니다. 물리학자니까 당연히 좌뇌에서 생각하고 계산한다고 생각하겠지만 그는 실제로 학문의 문제들을 도형화하여 그 이미지를 가지고 사고했어요. 즉 좌우뇌의 균형으로 천재가 된겁니다. 또 이 부분에 대해 재미있는 내용이 있어요. 많은 연구가들은 대부분 창의적인 사람들의 성격 특성에 관해 '모호함에 대한 관대함, 판단의 독립성, 모험, 자기만족, 호기심, 감수성, 자신감' 등으로 분석하는데 반해 칙센미하이는 '창의적인 사람들의 10가지 복합적인 성격요인'을 함께 분석해 놓았어요. 아래 노트를 봅시다."

[강의 노트 – 성향 10가지]

◆ 창의적인 사람은

1. 활력을 갖고 있으면서 또한 조용한 휴식을 취한다.

2. 명석하기도 하지만 또한 천진난만하다.

3. 장난기와 극기 또한 책임감과 무책임의 모순적인 성향을 갖고 있다.

4. 상상과 공상, 한편으로는 현실에 뿌리박은 의식 사이를 오가고 있다.

5. 겸손하면서 자존심이 강하다.

6. 외향성과 내향성의 상반된 성향을 갖고 있다.

7. 전형적인 성의 역할에서 벗어나 있다.

8. 반항적이고 개혁적이며 동시에 보수적 성향을 갖고 있다.

9. 자신의 일에 매우 열정적이며 극히 객관적이 될 수 있다.

10. 개방적이며 감성적인 성향 때문에 종종 즐거움뿐만 아니라 고통과 역경을 겪는다.

『창의성의 즐거움』에서 인용(북로드, 2003)

"위 내용을 보고 느끼는 점 없어요?"

"글쎄요. 위에 열거한 10가지 성향을 가진 사람과 결혼을 하면 무척 힘들겠다는 생각이 드네요."

"K과장은 아내와 자주 다투는 모양이네요. 그런데 본인 이야기 말고, 우리가 조금 전 함께 공부한 내용 중에서 찾아봐요."

"감이 안 오는데요."

"그래요. 앞의 내용을 잘 보면 '좌우뇌 균형'을 맞추는 사람들의 성격과 동일해요."

"몇 가지 예를 들어주세요."

"그러죠. 2.명석(좌뇌), 천진난만(우뇌), 4.상상과 공상(우뇌), 현실(좌뇌) 6. 외향성(우뇌), 내향성(좌뇌) 8.반항과 개혁(우뇌), 보수(좌뇌), 이것 이외도 모두가 좌우뇌의 균형이죠."

"정말 그러네요. 그러니까 '창의성＝우뇌'의 공식은 문제가 있네요."

"그렇기는 한데 우리가 학창시절에 배우는 대부분의 과목이 '좌뇌'에 관련된 것을 배우기 때문에 강조한 거란 생각도 듭니다."

"뇌 이야기는 끝이 없네요."

"뇌에 대해서는 우리가 알지 못하는 재미있는 이야기가 많지요. 그래서 이곳에서는 창의성과 관련된 이야기만 선별해서 하는 게 좋겠습니다."

"이제 다 배운 거 아닌가요?"

"소개해야 될 게 또 있어요."

"뭔데요?"

"전뇌(Whole Brain)에 관한 이야기입니다."

"P선생님께서는 전뇌에 관해 알고 있으세요?"

"그럼요. 예전에 전뇌와 관련된 일을 한 적이 있어요. 그래서 지금 K과장과 이야기하는 것도 그 시절 뇌에 관한 많은 공부를 했기 때문에 할 수 있는 거죠."

"아, 그러세요. 그러면 전뇌에 관한 이야기를 해주세요."

"1976년부터 당시 GE의 경영자였던 네드 허만(Ned Herrmann)이 창의성의 본질과 근원을 이해하고자 두뇌의 기능과 구조에 관한 연구를 시작했어요. 그 연구 결과 1980년대에 사람의 '두뇌사고 선호도'가 사회적 행동이나 직업적 행동에 크게 영향을 끼친다는 것을 발견하고 '사고 선호도' 측정을 위해 만든 것이 HBDI(Herrmann Brain Dominance Instrument)입니다."

"그럼 허만의 HBDI는 독창적으로 만든 모델인가요? 어디에서 힌트를 얻어 만든 건가요?"

"앞에서 말한 것처럼 한 사람이 뇌를 연구하기 시작하여 그 결과를 얻는 건 대단히 힘든 일입니다. 뇌량의 예에서도 와게넌이 연구를 시작하여 스페리 시절에 결실을 맺었지만 실제는 와게넌 이전부터 뇌량에 대한 논의가 되어왔기 때문에 와게넌부터 시작되었다고 보는 것도 힘듭니다. 또한 스페리의 결실이 완전한 것도 아니며 미래에 누군가 또 다른 발견을 할지도 모르지요. 허만이 만든 HBDI도 역시 독자적이라기보다는 선행 연구자들에게서 힌트를 얻어 만들었답니다."

"누구에게서요?"

"HBDI는 앞에서 설명한 스페리 박사의 '좌우뇌 모델'에 맥클린(Paul.D.MacLean) 박사의 '변연계 모델'의 결합으로 만들어졌어요."

"스페리 박사는 조금 전에 설명해주셔서 알겠는데 맥클린 박사는 누구인가요?"

"맥클린 박사는 우리의 뇌를 밀접하게 상호 연결된 별개의 세 부분의 뇌로 나누었고, 이 세 개의 뇌가 파충류, 초기 포유류, 후기 포유류와 관련성이 있다고 보았습니다. 그 중 두 번째 뇌(초기 포유류)를 변연계(Limbic System)라 명명하고 이 부분이 행동을 지배하는 감정을 취급한다고 했지요. 그러니까 이 분이 EQ(감성지수)의 원조예요."

"그럼 HBDI는 EQ와 관련이 있다는 말인가요?"

"내가 생각하는 HBDI는 대뇌(IQ)와 변연계(EQ)의 결합 모델이죠. 다음 그림을 한번 보자구요."

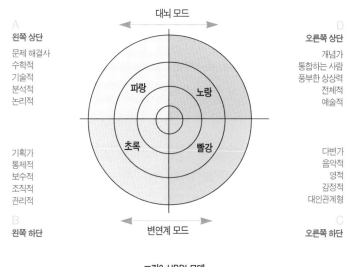

그림3. HBDI 모델

* 출처 : The Creative Brain, Ned Herrmann, 1995.

"이 모델에서 ABCD는 무슨 특별한 의미가 있나요?"

"ABCD 순서는 특별한 의미가 없습니다. ABCD에서 A는 대뇌의 좌측을 뜻하고, D는 대뇌의 우측, B는 변연계 좌측, C는 변연계 우측을 지칭하고 있어요. 그런데 ABCD영역에 나타난 색깔은 의미가 있습니다."

"어떤 의미가 있죠?"

"A영역을 나타내는 파랑은 '이성적 자아'의 냉철함, B의 초록은 '안정적 자아'의 편안함, C의 빨강은 '감성적 자아'의 정열, D의 노랑은 '실험적 자아'의 모험을 의미하지요."

"이 HBDI검사는 MBTI(Myers-Briggs Type Indicator) 검사와 차별성이 있나요?"

"두 검사의 검증에서 60퍼센트가 같다고 되어있는데, 나는 그것이 당연하다고 생각해요. 왜냐하면 스스로가 생각하는 자기를 체크하여 나타나는 결과라서 틀리면 이상한 거죠. 하지만 두 검사의 출발 자체는 달라요. MBTI의 경우 '타고난 선천성'을 강조하는 데 반해, HBDI의 경우 선천성(30퍼센트), 후천성(70퍼센트)으로 후천성을 강조하면서 장기적으로 교육, 환경, 사고방식 등을 바꾸어 개선할 수 있다고 이야기하지요."

"그럼 단기적으로는 어떻게 하나요?"

그림4. 상황대응 능력

"그림4에서처럼 A영역이 우위인 사람은 HBDI의 모델에서 자기가 약한 부분의 영역을 필요로 할 때는 B→B', C→C', D→D'로 능력을 확장하여 사용할 수 있고, 사용 후에는 원위치시킬 수 있는 능력을 가지고 있는데 이 능력을 '상황대응능력(Situational Competencies)'이라고 부르지요. 이 전뇌이론의 궁극적 목표 역시 좌우뇌의 균형처럼 'ABCD 영역의 균형'을 이루는 것입니다. 그런데 이런 종류의 검사는 옳고 그름을 판단하는 것이 아니니까 검사 후의 결과에 대해 실망하지 않는 것이 중요하지요."

"이제 뇌 이야기는 다 하셨나요?"

"그래요. K과장과 뇌에 관한 이야기는 여기까지 하려고 합니다."

"그러면 다음에는 조직에 관한 이야기를 하실 예정이세요?"

"조직에 관해서는 오래 전부터 여러 사람들에 의해 개별 논의되어 왔지요. 1980년대 후반부터는 개인, 조직의 차원을 넘어 '영역(문화)' 부분까지 언급되었지요. 지금은 창의성 부분의 한 영역을 구축하고 있는 '통합모델'에 관해 말하려고 합니다.

이 모델의 효시는 1988년도에 칙센미하이가 발표한 '체계모델(Systems Model)' 이예요. 이 체계모델은 1988년에 칙센미하이가 만들었고 1994년도 하버드대학교의 가드너(Gardner, H.) 교수와 함께 정교화시켰지요. 일반인들에게 알려지지 시작한 것은 그 '체계모델'의 틀에 맞추어 세계적으로 창의적 결과물을 남긴 여러 사람(12명의 노벨상 수상자, 포브스지에서 선정한 사업가, 계관시인, 교육계 원로, 퓰리처상 수상자, 작곡가 등 총 91명)을 분석하여 만든 저서 『창의성의 즐거움(Creativity)』이 1996년에 나오고 나서부터입니다. 또한 한국에는 최인수 교수가 가장 먼저 소개했어요. 이 모델은 전체적으로 '사회'를 모델로 설정하지만 잘 생각해보면 결국 '조직'에도 적용 가능한 모델입니다. 그러니 먼저 '체계모델'을 소개하고 다음 조직 이야기를 해보자구요."

2) 체계모델(Systems Model)

"그런 유명한 모델이 어떤 것인지 알고 싶네요."

"그럼 그림을 보여드리지요.

창의적 산물을 얻기 위해서는 무엇보다도 독창적이고 유용한 아이디어의 창출이 기본전제가 되는데(그림5 에서 '개인' 해당), 아이디어 없이는 이에 대한 '평가'도 있을 수 없습니다. 지금까지 '창의

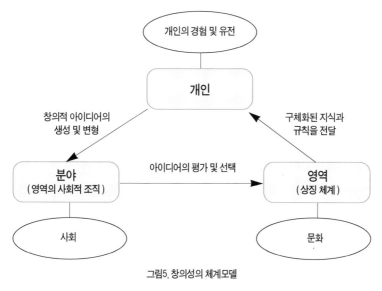

그림5. 창의성의 체계모델

* 출처 : 창의적 성취와 관련된 제요인들 : 창의성 연구의 최근 모델인 체계모델(Systems Model)을 중심으로, 최인수, 미래유아교육학회지, 제5권 제2호, 1998.

적 개인' 부분에 대한 많은 연구는 주로 아이디어를 생성할 수 있는 개인의 특징은 무엇이고, 어떻게 이러한 특징을 개발할 수 있는가에 초점을 맞추어 연구해왔어요. 그러나 문제는 어렵게 얻은 창의적 아이디어도 이를 평가하는 위치에 있는 조직이나 집단에서 이의 소중함이나 잠재적 가치를 간과한다면 결국 무용지물이 된다는 것이죠. 그림5에 표시된 '분야(Field)'가 바로 개인에게서 나온 창의적 아이디어를 평가하는 부분입니다. '분야'의 상위 개념이 바로 우리 사회라고 할 수 있어요. '영역(Domain)'이란 분야에서 평가 선발된 상징 및 지식의 결과물이죠. 이 영역을 통하여 새로운 학습자가 지식을 습득하고, 이들 중 창의적인 지도자가 출현하면, 영역이 더욱 확대·심화될 수 있습니다. 이 영역에 속한 결과물들은 문화 속에서 축적되어 다음 세대로 전달되고, 이 바탕 속에서 교육받은 개인은 이 결과물을 개선하거나 대치하는 창의적인 아이디어를 또 다시 생성시켜 순환이 되는 것이라고 설명합니다."

"좋은 모델인 것 같은데 피부에 와닿지는 않네요. 예를 들어 설명해주세요."

"그럼 컴퓨터회사를 체계모델의 한 예로 들어봅시다. 'DOS 체계의 불편함을 혁신적으로 대체한 GUI(Graphical User Interface – 윈도우 시스템의 전신)라는 운영체계도 원래는 제록스(Xerox)사의 팔로 알토(Palo Alto)라는 연구원에 의해서 개발되었으나, 이 아이디어의 잠재적 시장성이 임원들에 의해 받아들여지지 않아서 실용화되지 못했죠. 그러나 애플 사를 세운 스티브 잡스(Steve Jobs)는 이 체계의 잠재적 유용성을 발견하고 이를 실용화함으로써 21세기의 가장 확실한 개인용 컴퓨터 운영체계인 '윈도우'를 만들었어요. 마이크로소프트 사의 윈도우 체계도 GUI의 개념을 응용한 것에 불과한 거죠. 그 후, 그렇다면 창의적인 사람은 제록스 연구원인지 스티브 잡스인지를 놓고 학자들 사이에 논란거리가 되었지요."

"누가 창의적인 사람인가요?"

"K과장은 어떻게 생각해요?"

"저는 제록스 연구원이라고 생각해요."

"그래요. 그런데 만일 스티브 잡스가 없었다면 그 아이디어는 빛을 볼 수 없었을 걸요."

"하긴 그렇네요."

"현재는 무승부예요. 여기서 제록스 연구원은 '개인'이고, 스티브 잡스는 '분야'를 의미하지요. 아이디어 검열관 말예요."

"그럼 '영역' 분야는요?"

"여기서 '영역'이란 평가하여 채택된 창의적 산물로 구성되어 있는 추상적 개념이지요. 앞의 예에서는 '윈도우 시스템'은 지금의 아이들이 컴퓨터를 배울 때 DOS 시스템을 통해서가 아니라 바로 윈도우 시스템으로 시작하고, 또 어느 누구인지는 모르지만 윈도우를 대체할 새로운 시스템을 생각하는 아이들이 존재할지 모른다는 것을 뜻하지요."

"아! 그렇군요. 그래서 통합이론인 '체계이론'이 그렇게 중요한 위치를 차지하는군요."

"그러면 조직에서는 이 이론을 어떻게 적용할 수 있을까요?"

"조직에서는 '개인'은 '팀원' 같은 조직 구성원이고, '분야'는 팀원이 내는 아이디어를 평가하고 선택하는 '팀장' 혹은 '본부장' 혹은 '사장'이고, '영역'은 '기업문화'나 '조직문화'라고 말하고 싶어요."

"이렇게 대응해 놓으면 이해는 되는데 어떻게 그들의 관계에서 창의성이 존재한다는 이야기죠?"

"혹시 이런 경험 없어요? 열심히 아이디어를 내면, '이걸 아이디어라고 가지고 와! 머리가 있어, 없어? 생각이 있는 거야, 없는 거야?'라는 이야기를 직접 들어보거나 옆 사람이 당하는 것을 본 적이 없나요?"

"있죠, 왜 없어요. 회사생활을 오래하다보면 별의별 팀장을 다 만나죠."

"그 팀장이 왜 그런다고 생각해요?"

"저는 팀장이 아니라서 잘 모르겠는데요."

"나는 여러 기업에 다니면서 강의를 하다가 교육생들의 이야기를 들어보면 정말 팀장이 맞을까? 하는 생각을 하는 경우가 많아요. 특히 명예퇴직 실시 후부터는 너욱더 똑똑한 팀원을 경쟁상대로 보는 것 같은 느낌이에요."

"어떤 일이 있었는데요?"

"예를 들면 그 기업은 '제안제도'를 무척 강조하는 기업인데 제안은 팀장을 통해 제출하는 모양이더군요. 그런데 어느 날 팀원이 제안을 제출했는데 '말도 안 돼' 하면서 그 제안서를 집어던지더랍니다. 그런데 그해 말 제안 발표를 보니 자기가 냈던 제안을 약간 수정한 제안이 채택되었는데, 나중에 알고보니 제안 수상자가 자기 팀장이었대요. 그래서 그 이후로 그 회사는 제안을 올리기 전에 총무부에서 '원본'이라는 도장을 받아 보관했다가 비슷한 제안이 채택되었을 때 본인이 제안자임을 증명하면 제안 수상자 이름을 바꾸는 제도를 만들었다는 말도 들었어요."

"왜 이런 일이 생길까요?"

"창의성을 대하는 우리나라와 선진국의 차이는 무엇인지 알아요? 당신이 근무하는 회사에서 과장급 이상이 '창의력 교육'을 받은 경우를 봤어요?"

"못 봤는데요."

"우리나라는 창의력 교육은 신입사원, 사원, 대리까지만 대상자로 생각하고 과장급 이상만 되면 '창의력은 다 안다' 라고 간주하지요. 그런데 선진국은 주로 '팀장' '임원' '사장' 등 회사의 간부급들이 교육을 많이 받아요. 그래서 물어봤습니다. '왜 팀장인 당신이 교육을 받아야 되느냐?' 라고."

"그랬더니 뭐라고 하던가요?"

"팀장인 자신이 아이디어를 내야 팀원들이 실행을 하는데, 팀원들에게 두 가지(아이디어 내는 것, 실행하는 것)를 다 시키면 그들에게 너무 부담이랍니다. 그래서 팀원들의 아이디어는 존중하되 팀장인 본인이 주로 아이디어를 내고, 그 아이디어를 더 잘 내고 싶어서 교육에 참여했다고 합니다. 우리와는 상당히 다른 생각을 하지요. 어느 팀장은 지금까지 '창의력 개발' 이란 교육을 받아본적도 없고, 또 어떤 사람은 신입사원 교육에서 '창의력 교육' 을 받았어도 팀장까지 오르면서 바쁘다는 핑계로 '창의력 교육' 에 대해 재교육을 받지 않거나 자기개발을 하지 않아 점점 아이디어에 자신이 없어져 가는데, 팀원들과 똑같이 아이디어를 내라고 요구받으니까 그런 일이 생긴다고 봅니다."

"그러면 어떻게 해야 되나요?"

"두 가지 방법이 있지요. 첫째는 팀장에게 교육을 받게 하고 나서 아이디어를 요구하는 것인데, 이건 팀장들이 그 동안 너무 머리를 쓰지 않아 쉽지 않을 듯합니다. 두 번째는 조직의 시스템을 체계모델로 바꾸는 것이죠."

"어떻게 체계모델로 바꾸죠?"

"이 경우 앞에서 들은 제록스 연구원과 스티브 잡스의 예를 한국의 현재 일어나는 일로 바꾸어봅시다. 비, 보아 등 아시아권에서 한류열풍을 몰고 다니는 한국 가수들은 '개인'이고, 그들을 그렇게 만든 한국의 어느 기획사(A사장)의 A가 '분야'가 되는 겁니다. 한류열풍은 가수들의 음악적 창의성과 그들을 선발한 A사장의 뛰어난 창의적 능력이 거둔 공동의 작품이라고 할 수 있지요. 결국 조직에서도 팀원과 팀장이 비슷한 아이디어를 내는 것에만 초점을 맞추니 아이디어 내는 일에 문제가 생기는 거지요. 만일 팀원은 아이디어를 내는 일(개인), 팀장은 좋은 아이디어를 뽑는 일(분야), 이렇게 시스템을 설정한다면 조직에서 팀장은 좋은 아이디어 내는 분위기를 조성할 것이고, 따라서 팀원들의 아이디어가 처참하게 거절되는 불행한 상황은 없으리라 생각됩니다."

"아! 그렇게 바꾸면 되겠네요. 그럼 기업문화는요?"

"이런 시스템에서 나온 개인의 아이디어, 그 아이디어를 선택한 팀장, 그리고 선택된 아이디어를 실행하는 '조직문화' 안에서 조직은 '혁신'을 통해서 우수한 팀이 되고, 이런 팀을 많이 보유한 기업은 성장을 넘어 일류 기업으로 가지요."

"일류 기업으로 가는 길에 그런 방법이 있었군요."

"그래요. 오늘 공부는 여기까지 하기로 합시다. 수고하셨습니다."

| 화요일 강의 |

오늘은 눈과 비가 함께 내렸다.

"선생님, 안녕하세요?"

"어서오세요. K과장."

"오늘은 교육을 시작하기 전에 질문이 하나 있습니다."

"아니, 시작 전부터 질문이라고요?"

"모든 질문은 창의성과 관련된 질문을 하는 것을 잊지 않으셨죠?"

"제가 전 직장에서 제안 담당자였는데 제안 제출기간을 정해놓고 제안을 받으면 업무와 혹은 회사와 관계 없는 제안이 많이 들어와 노력에 비해 얻는 아이디어가 적었어요."

3. 창의성의 한 방향정렬

1) 아이디어 한 방향정렬

"혹시 주제나 과제는 정해주고 제안을 받으셨나요?"

"아닙니다. 그때는 제안자들이 편안한 마음으로 제안할 수 있도록 배려하는 차원에서 과제를 자유로이 했었어요."

"K과장, 나도 질문 하나 합시다. K과장은 과녁을 감추어놓고 아무 데서나 활을 쏴서 과녁을 맞출 수 있겠어요?"

"선생님도… 과녁이 감추어졌는데 어떻게 맞춰요."

"당신은 그 시절 똑같은 행위를 한 거예요. 아이디어가 과녁이 없다보니 갈 곳이 없어 헤매는 거지요. 많은 기업이 지금도 그렇게 해요. 주제 또는 과제를 '자유'라고. 지금은 어떤지 모르겠는데 1998년도에 창의성 교육을 받으러 싱가포르에 갔는데, 강사(Peter Low, Linda Low) 말이 싱가포르 공무원들은 의무적으로 분기마다 아이디어를 한 건씩 내야 하는데 과제가 '자유'라고 되어 있답니다. 결과는 정부에서 필요한 아이디어가 3퍼센트 이내 밖에 안 되고, 공무원들은 아이디어 때문에 스트레스 받았다고 하더군요. 그러면서 강사는 창의적 에너지를 낭비한다고 지적하면서 본인이 과제를 설정하자고 국가에 건의하겠다는 이야기를 들었어요."

"그럼 과제를 설정해주지 않았기 때문에 발생한 일이란 말씀이네요."

"그럼요. 보통 우리가 아이디어를 낼 시간에 아이디어가 잘 안 나오는 경우 '가만히 앉아 있지 말고 아무 아이디어나 내봐'라는 말을 자주 하잖아요. 이게 잘못된 거란 말이죠. 또 참여자들도 과제와 관계없는 엉뚱한 아이디어를 내는 경우가 있는데 그것도 잘못된 겁니다."

"우리는 아이디어 회의 시간에는 아무 아이디어나 내면 된다고 이야기하잖아요."

"그건 잘못 알고 있는 이야기죠. 과녁을 향해 활을 쏘는 행위, 즉 과제에 대해 관련 아이디어를 내는 것을 '아이디어 한 방향정렬(Alignment)'이라고 이야기해요."

"그럼, 아이디어 한 방향정렬은 과제를 정확하게 설정해주면 된다는 의미인가요?"

"과제를 설정해주는 것은 기본이고 아이디어를 내는 사람도 과제 관련 아이디어를 내는 것이 중요하죠."

"아이디어 내는 것은 내일부터 배울 테니까. 오늘은 과제 설정하는 법을 알려주세요. 과제의 종류가 몇 가지나 있죠?"

"두 가지입니다. 강의 노트를 보시죠."

[강의 노트 – 과제의 종류]

◆ 명사형 과제

◆ 동사형 과제

---

(1) 명사형 과제

"간단하네요."

"그래요. 간단합니다. 그런데 여기에서 말하는 명사란 유·무형을 통틀어 말하는 거예요."

"유형은 이해할 수 있는데 무형은… 예를 들어 설명해주시죠."

"그러지요. 우리가 상식적으로 알고 있는 세미나실을 예로 들어봅시다. 그곳에서 유형으로 창의력을 발휘해보고 싶은 영역은 무엇인지 말씀해보시죠."

"음… 책상, 의자, 화이트보드, 프로젝트, 유리창… 이런 거죠."

"좋아요, 그러면 무형에 해당하는 것은 무엇일까요?"

"글쎄요. 모르겠습니다."

"무형에 해당되는 것은 교육생들의 학습태도, 교육 분위기, 강사의 강의 스킬 등이 있어요.

그럼 평소 K과장이 회사 내에서 창의력을 발휘하고 싶었던 영역은 무엇인가요?"

"저는 매출, 프로모션, 클레임, 제안, 대인관계 등입니다."

"창의력을 발휘하고 싶은 영역이 많군요. 그럼 다음과 같이 정리해야겠어요."

[정리 – K과장 명사형 과제]

◆ K과장 명사형 과제

　　① 매출 ② 프로모션 ③ 클레임 ④ 제안 ⑤ 대인관계

"이렇게 정리하니까 보기가 좋네요. 선생님, 그 다음에는 동사형 과제 차례인데요. 궁금한 게 있습니다. 왜 동사형보다 명사형을 먼저 만들어야 하죠?"

"좋은 질문입니다. 실제로 창의력 과제를 다룰 때는 명사형 과제보다 동사형 과제를 훨씬 많이 사용해요. 하지만 대부분의 사람들이 동사형만을 과제로 생각하는 경향이 많아, 과제를 보는 눈이나 마음을 좁힌다고 할 수 있죠. 예를 들면 아이디어 회의를 할 때 '매출'이란 단어가 나오면 다른 생각보다는 '매출 증가'라는 동사형 과제를 만들어놓고 아이디어 찾기에 나서죠. 그러나 '매출'이란 명사형 과제를 설정했으면 '매출 관련어'를 찾아보고 이익, 원가, 고객수, 단가 등 다양한 관점에서 '매출'을 검토해본 후 아이디어를 낸다면 처음부터 '매출 증가'란 동사형 과제를 가지고 출발하는 것보다 훨씬 좋은 아이디어를 얻을 수 있죠."

"그런 이유가 있었군요. 그럼 동사형 과제에 대한 설명을 해주세요."

"그래요. 그럼 다음의 강의 노트를 잠깐 보기로 하죠."

(2) 동사형 과제

[강의 노트 − 동사형 과제의 '안내 어간']

◆ 어떻게 하면 (**목적**) 을/를 (**동사**) 할 수 있을까?

"동사형 과제에서 이런 안내 어간을 사용해야 하는 이유가 있습니까?"

"있지요. 이렇게 '개방형 질문' 으로 만들어보면 보다 좋은 아이디어를 얻을 수 있는 조건을 시작부터 만드는 겁니다."

"외국에서도 이렇게 하나요?"

"물론 그렇죠. 그들은 'How to 동사~' 로 시작하고, 그 안에 ① 행동 ② 목적 ③ 조건 ④ 결과를 담아야 좋은 과제라고 이야기하는데, 저는 동사형 과제를 만들 때 ① 목적 ② 행동(동사)만 넣으면 조건과 결과는 문장에 나타내지 않아도 당연히 숨어있을 것을 가정하지요. 그래서 제외시켰어요."

"그렇군요. 그럼 명사형 과제와 동사형 과제의 관련성은 뭐죠?"

"조금 전에 이야기한 것처럼 '목적' 에 해당하는 부분에는 '명사 관련어' 를 찾아넣고, 동사 부분에는 '명사 관련어' 와 관련된 '동사' 를 찾아넣으면 돼요. K과장이 만들어놓은 명사형 과제에서 관련어를 찾아보세요."

"매출은 이익, 고객수… 프로모션은 고객정보, 홍보, 이벤트, 원

가, 클레임은 발생건수… 선생님, 이렇게 하니까 정리는 되는데 좀
처럼 한눈에 들어오지 않네요."

선생님과 나는 명사 관련어를 정리해보았다.

[정리 – K과장의 명사 관련어]

① 매출 – 이익, 원가, 고객수, 단가
② 프로모션 – 고객정보, 홍보, 이벤트
③ 클레임 – 발생건수, 대처, 원재료, 검사

"K과장, 이제 명사 관련어와 관련된 동사를 찾아보도록 합시다.
원가와 관련된 동사는?"

"원가 … 감소, 절감"

"그러면 고객수와 관련된 동사는?"

"고객수 증가"

"됐어요. 이제 정리합시다.

여기까지 만들어 온 명사형 과제와 동사형 과제를 한곳에 모아놓
는 것을 나는 '과제 리스트' 라고 불러요."

과제 리스트

1. 명사형 과제
① 매출 ② 프로모션 ③ 클레임

2. 동사형 과제

① 가. 어떻게 하면 원가를 절감할 수 있을까?
　 나. 어떻게 하면 고객수를 증가시킬 수 있을까?
② 가. 어떻게 하면 이벤트를 흥미롭게 진행할 수 있을까?
　 나. 어떻게 하면 고객정보를 파악할 수 있을까?
③ 가. 어떻게 하면 클레임 발생건수를 줄일 수 있을까?
　 나. 어떻게 하면 클레임을 신속히 처리할 수 있을까?

"이렇게 정리하니 한눈에 들어오고 보기도 좋네요.

그런데 마지막 문장에는 '클레임'이라는 명사형 과제가 그대로 사용되었는데 잘못된 것 아닌가요."

"잘못되었다고 할 수는 없어요. 그리고 내가 제시하는 예를 보고 융통성 있게 대처했으면 해요. 창의성을 배우거나 실시함에 있어 '절대'라는 단어는 자주 사용하지 않아야 된다고 생각해요."

"알겠습니다. 이제 한 방향정렬에 대하여서는 다 배운 건가요?"

"그렇지 않아요. 기억나세요? 앞에서 K과장이 질문했던 조직에서 각기 다른 창의성 정의 때문에 창의적 에너지가 낭비된다고 그림 1에 그려놓은 것 말이에요."

"아! 기억나요. 에너지 손실을 줄이거나 방지하는 법을 한 방향정렬에서 배운다고…."

"기억력이 대단하시네요."

"그런데 그것은 개인이 아닌 조직이니까 회사나 조직차원에서 다루어야겠네요."

"그렇죠. 그래서 조직의 한 방향정렬은 회사의 '경영전략' 차원에서 설명하려고 해요."

"경영전략? 재미있겠는데요! 경영전략의 대가는 누구인가요?"

"오래 전부터 경영전략이 이야기되어왔지만 그래도 1980년대부터 『경쟁전략』, 『경쟁우위』란 책으로 유명한 하버드대학의 '마이클 포터' 교수로부터 본격적인 경영전략이 시작되었다고 봐야지요."

"저는 창의성 외에 경영전략에도 관심이 있는데 자세히 설명해 주실 수 있나요?"

"관심이 있는 것은 좋은 일이지만 여기에서는 경영전략 중 이곳에 필요한 이야기만 간단하게 할 겁니다. 다음의 노트를 함께 보시지요."

2) 조직 한 방향정렬

[강의 노트 – 경영전략의 구성요소]

동적요소 : 비전, 목표, 전략, 전술

정적요소 : 미션, 핵심가치

"전략이란 단어가 구성요소 안에 또 들어 있네요."

"전략이 하늘에서 뚝 떨어지는 것이 아니고 여러 구성요소가 함께 연계되는데, 우리는 이것을 포괄적 의미로 '경영전략'이라고 불러요. 여기서 '동적요소'는 환경에 따라 변화하는 것을 의미하며, 정적요소는 환경요소에도 변화하지 않음을 의미해요. 그런데 이 전략요소는 위치나 용어의 통일됨이 없어 사람마다 각자 다르게 부르고 해석하죠. 이곳에서 나도 내 생각대로 정리할 겁니다. 자, 봅시다."

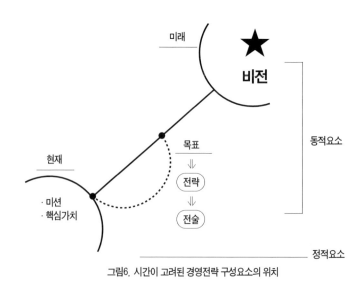

그림6. 시간이 고려된 경영전략 구성요소의 위치

"여기에서 보면 현재에서 미래의 비전까지의 길에서 중간에 목표, 전략, 전술이 나오잖아요? 그런데 비전은 멀리 있으니까 그렇다 치더라도, 전략은 목표달성을 위해 기업의 내부에서 찾는 우리 조직의 강점, 약점, 그리고 외부요인을 분석하여 찾는 기회, 그리고 위협요인을 SWOT(강점 : Strength, 약점 : Weakness, 기회 : Opportunity, 위협 : Threat)라고 하는데, 이 SWOT의 조합을 통해서 전략을 수립하게 되지요. 그 중에서도 기회와 강점이 결합된 전략이 가장 강력하겠죠. 그런데 이렇게 전략을 수립해놓고 전략에 따라 전술을 세워도, 목표달성은 전략에 따라 전술을 수행하는 구성원들, 즉 사람들에 의해 좌우됩니다. 이때 회사는 전략에 따라 새로운 인원을 구성해야 하는데, 이를 우리는 '프로젝트팀' 이라고 부릅니다."

"우리 회사는 그렇게 하지 않는데요?"

"대부분의 회사는 기존 팀에다 전략업무를 나누어 일을 하고 있는데 여기에서는 이와 같은 조직을 '일반팀' 이라 부릅니다. 그런데 미래에 예견되는 조직의 상시 형태는 '프로젝트팀' 이 될 거라고 조직전문가들은 예상하고 있어요."

(1) 일반팀 한 방향정렬

핵심가치 $\Rightarrow$ **목표**

그림7. 한 방향정렬

"그림7의 한 방향정렬 시 가장 중요한 것은 '명확한 목표설정하기' 입니다.

목표가 설정돼야 팀원들은 그곳을 향해 나아갈 수 있지요."

"그러면 명확한 목표설정은 어떻게 하는 건가요?"

"명확한 목표설정을 위한 일반적인 방법은 'SMART 원칙' 에 따라 설정하는 겁니다."

"SMART는 무슨 의미인데요?"

"SMART란 약어이며 본래의 뜻은 구체적(Specific), 측정 가능한(Measurable), 달성 가능한(Attainable), 중요한 사항(Relevant), 기간 설정(Time-bounded)을 의미하는 것으로 목표 안에 SMART란 의미가 담겨야 명확한 목표가 된다는 뜻이지요."

"아! 그렇군요. 그러면 목표를 SMART 원칙에 따라 설정한 후에는 어떻게 하나요?"

"목표설정이 끝난 뒤에는 팀 구성원들이 목표달성을 위해 창의력을 발휘해야 하는데, 이때 창의력을 발휘하게 하는 한 가지 방법은 전략요소인 '핵심가치'에 '창의력(성)'을 설정하는 겁니다."

"핵심가치가 무슨 뜻이죠?"

"캔 블랜차드는 '핵심가치는 바람직한 행동양식에 대한 신념 혹은 원칙이다. 즉 팀과 팀원들에게 근본적으로 무엇이 중요하고 옳은 것인지를 정의한다. 핵심가치는 일터에서 팀원들이 목표달성이나 미션추구를 하는 데 선택과 행동의 지침이 된다'라고 정의했어요."

"그럼 핵심가치가 팀원들이 목표달성이나 미션추구를 하는 데 행동 기준이 된다면 대단히 중요한 요소인데 어떻게 설정하면 됩니까?"

"핵심가치 명을 '창의성(력)'으로 정의했다면 우리 팀에 맞는 창의성의 '정의'를 어떻게 할 것인지 결정하고, 그 정의를 뒷받침할 행동 3~5가지 정도를 구성원이 함께 정하면 되는 것이지요. 다음의 그림8처럼 말예요."

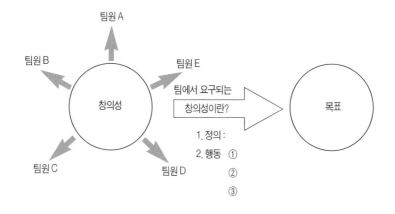

그림8. 일반팀 한 방향정렬

　"이거 간단하네요. 이렇게 하면 팀의 한 방향정렬이 된다는 말씀
이시죠?"

　"그렇게 생각처럼 간단하지는 않아요. 우리나라에도 많은 기업이
경영이념이라고 해서 벽에 걸어놓았으나 전혀 실행하지 않고 명화
(名畵) 대용으로 걸려 있지요."

　"그러면 핵심가치가 경영이념과 같은 의미인가요?"

　"그렇지요. 하지만 경영이념은 핵심가치에서 '가치 명' 만을 의미
하고, 핵심가치는 '정의' '행동' 이 추가돼 구체화된 것을 말합니
다."

　"우리나라 기업이 명화 대용으로 걸어만 놓았다면 다른 나라 사
람들은 어떻게 하는데요?"

　"다른 나라는 생명처럼 아끼면서 실천하지요. 그렇게 하면서 세
계 초일류 기업이 되었습니다."

"정말인가요?"

"그럼요. 짐 콜린스의 『성공하는 기업의 8가지 습관(Built to Last)』에서 보면 다음과 같은 기업들이 '창의성'을 핵심가치로 놓고 실천했음을 알 수 있어요."

[강의 노트 – '창의성' 이 핵심가치인 기업]

1. 3M : 개인의 창의성과 개인의 성장을 존중
2. 아메리칸 익스프레스 : 개인의 창의성 장려
3. 존슨 & 존슨 : 분권화=창의성= 생산성
4. 모토롤라 : 잠재적인 창의성 개발
5. 필립 모리스 : 개인의 창의성 장려
5. 소니 : 개인의 능력과 창의성을 존중하고 장려
6. 월트 디즈니 : 창의력, 꿈, 상상력을 통한 지속적 발전

"전부 세계적으로 인정받는 기업들이군요."

"위 기업들이 우리처럼 벽에 걸고 쳐다만 봤을까요? 모두 실천하였지만, 특히 3M의 경우는 15퍼센트법칙, 30퍼센트법칙, 위대한 전진상, 칼턴회, 기술개발상 등의 제도로 그 핵심가치를 지키며 실천하고 있지요."

"그럼 신입사원을 선발할 때 회사의 핵심역량인 창의성을 가진 직원을 뽑는 것도 같은 맥락인가요?"

"같은 의미지요. 신입사원 선발 때부터 '창의성' 부분에 핵심역

량을 갖춘 사람을 뽑으면 회사가 다른 기준으로 선발하는 경우보다 더 경쟁력을 갖춘 인재를 선발한다는 의미입니다."

"그렇군요. 어떻게 하면 기존 팀원들이 핵심가치를 잘 실행할 수 있을까요?"

"일반팀이 핵심가치를 실천하는 것은 '축구팀'이 '골인'이라는 목표를 향하여 골대로 공을 넣으러 가는 과정과 같다는 생각을 해요. 골키퍼, 수비, 공격 등 모두의 위치는 있지만 골대 근처에 가면 위치에 관계없이 아무나 골은 넣잖아요. 사람들의 이런 힘을 '상황대응역량(Situational Competencies)'이라고 부르고 싶어요."

"선생님의 말씀을 들어보니 팀에서는 목표달성을 위한 상황대응역량을 잘 발휘하는 사람이 창의성이 뛰어난 사람이란 말씀인가요?"

"맞아요. 나는 팀에서는 목표달성을 위해 핵심가치에 따른 행동을 잘하는 사람이 창의적인 사람이라고 생각해요. 예를 들면 우리가 영업팀이라면, 우리팀에서는 발명을 잘하는 사람보다 사람과의 인간관계가 좋은 사람이 창의력이 뛰어난 사람이라고 말할 수 있죠. 그리고 그런 사람이 많이 모여있는 조직이 창의적 조직이라고 할 수 있어요. 자, 그럼 다음 그림을 봐요."

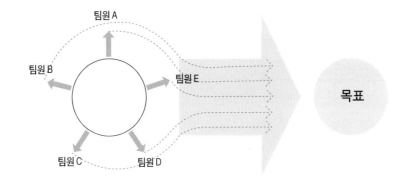

팀원 A

팀원 B

팀원 E

목표

팀원 C   팀원 D

그림9. 상황대응역량 모습

"잘 알겠습니다. 그런데 지금껏 핵심가치만을 중심으로 설명하셨는데 다른 전략요소는 중요하지 않다는 말씀인가요?"

"그렇지는 않아요. 경영전략에 해당되는 요소들이 모두 중요 요소예요. 다른 것은 전술을 제외하고는 마인드(Mind)요소인데 가치는 행동요소가 들어있어 강조했어요. 그리고 이 전략의 마인드요소는 '4. 창의적인 사람의 행동' 중 동기부여 편에서 한 번 더 언급할 거예요."

"그렇습니까? 그럼 상황이 전혀 다른 프로젝트팀에 관한 말씀을 해주세요. 여기도 핵심가치를 실천하면 되나요?"

"여기는 그것 이외도 할 일이 좀 많이 있어요."

(2) 프로젝트팀 한 방향정렬

"질문이 있는데요. 선생님께서는 '야! 이 팀은 프로젝트팀의 대표야' 하고 생각하시는 팀을 우리 주변에서 찾을 수 있나요?"

"내가 생각하는 대표적 프로젝트팀은 정명훈 씨가 이끄는 오케스트라팀이예요."

"왜지요?"

"오케스트라는 정명훈 씨 같은 훌륭한 팀장도 있지만 오보에, 첼로, 바이올린 등을 다루는 전문가 팀원들이 팀워크를 통해 누구 하나 흐트러지지 않고 멋진 곡을 빚어내고 있기 때문이지요.

K과장, 그런데 이들의 성공요소는 무엇이라고 생각해요?"

"전문가가 모여 일하기 때문이겠죠."

"맞아요. 첫째는 전문가를 뽑는 것. 둘째는 이들이 공동으로 공유하고 실천하는 전략 마인드이지요. 그리고 오케스트라의 특성상 또 있어요. 그게 뭘까요?"

"글쎄요?"

"그들이 공통으로 공유해야 되는 것은 악보라는 '정보'예요."

"그러면 우리들이 프로젝트팀을 구성할 때 오케스트라와 같은 좋은 팀을 구성하려면 구성원 선발 시 고려해야 할 사항은 무엇인가요?"

"만일 창의성과 관련된 프로젝트팀을 만든다면 다양성에 관해 생각해야 할 거예요."

"왜 다양성이죠?"

"프로젝트를 추진하려면 같은 말을 듣고도 상이한 메시지를 포착

하고, 같은 상황에 대해서 다르게 해석하여 시너지 효과를 높여 보다 효과성을 얻기 위함이지요. 여기 그림10을 보죠."

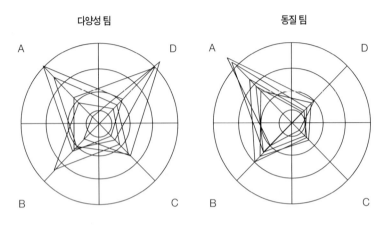

그림10. 다양성 팀 : 동질 팀의 HBDI 프로파일 비교

* 출처 : Putting Your Company' s Whole Brain to Work, Harvard Business Review, July-August, 1997.

그림10처럼 다양성 팀의 프로파일 내 넓이(효과성)가 동질 팀의 프로파일 면적보다 넓다는 이야기지요."

"그렇군요. 그럼 이런 사람을 선발하는 방법은 있나요?"

"있지요. 이때 선발방법은 팀 구성원을 구성할 책임자가 선발해도 되겠지만, 좀더 과학적인 방법으로 하는 것이 나을 거예요."

"선발의 과학적인 방법이란 무슨 뜻이죠?"

〈하버드 비즈니스 리뷰〉에 실린 도로시 레오너드 · 수잔 스트라우스의 논문 '좌뇌와 우뇌를 모두 활용하라'에서는 앞에서 이야기한 HBDI와 우리나라에서 오래 전부터 활용되고 있는 MBTI를 추천하는데, 내 생각으로는 위 검사는 물론 최근에 유행하는

DiSC(Dominance, Influence, Steadiness, Conscientiousness), 애니어그램 등의 검사를 통해 구성원들을 조화시키는 것도 좋은 방법이란 생각이 들어요."

"제 생각에는 팀을 그렇게 구성하면 문제가 발생할 것 같은데요."

"무슨 문제죠?"

"서로 다양성을 인정하지 않고 싸운다든지…"

"참 좋은 지적이에요. 작년에 있었던 예를 들면 쉽게 이해할 것 같네요."

"무슨 일이 있었는데요?"

"2004년 2월 23일에 성균관대학교 6백주년 기념관에서 '설계 창의성 교육'이란 주제로 연구발표회가 있었어요. 나도 주제 발표자라서 대기하고 있었습니다. 앞에 '프로덕트 혁신을 위한 창의적 디자인 사고'라는 주제로 우흥룡(서울산업대학교 공업디자인학과) 교수, '설계 창의성 양상 및 창의적 설계팀 구성'에 관해서는 김용세(성균관대학교 기계공학부) 교수가 같은 내용인 HBDI로 팀 구성에 관해 발표를 하는 거예요. 그런데 제가 예전에 HBDI를 통해 컨설팅을 하다가 구성원들의 '갈등'이 문제라는 것을 알았는데 차마 질문할 수 없어 참고 있었는데, 어느 교수가 손을 번쩍 들더니 '내가 발명동아리 지도교수인데 현역과 복학생 사이에도 문제가 생기던데 지금 말씀하시는 부분이 진공상태조직(내가 이해하기로는 학생조직처럼 이해관계 없이 학점을 위한 프로젝트 아웃풋(output)만 내면 되는 조직)에서만 가능한 게 아닌가?'라는 중요한 지적을 하셨지요. 나는 그때 저 교수도 나와 같은 생각을 하고 있구나 생각하면서, 프로젝트팀은 갈등을 극복하는 방법을 아는 것이 가장 중요하겠다는 생각을 했지요."

"갈등을 극복한다? 어떤 방법이 있을까요?"

"다양한 구성원들이 모이면 항상 발생하는 갈등은 팀과 팀원 모두가 함께 노력해야 해결이 가능하지 않을까요?"

[강의 노트 – 갈등극복 방법]

1. 팀원들이 동의하는 규범과 원칙을 개발한다.
2. 역할연기를 실시한다.

"여기서 제시하는 규범과 원칙을 개발할 때 가장 중요한 것은 팀원 모두가 참여해야 하며, 또한 기꺼이 만든 규범과 원칙을 준수해야 합니다. 그것이 전제되어야 가능하지요."

"팀원들끼리 합의된 규범이나 원칙을 만들면 정말 가능하겠네요. 그럼 규범의 예를 들어주세요."

[강의 노트 – 규범 예]

◆ 팀원끼리는 서로 존중해야 한다.
◆ 팀원들은 서로의 말에 적극적으로 귀 기울여 들어야 한다.
◆ 아이디어와 가설은 공격하되, 개인적인 공격은 삼가해야 한다.

- 팀원 모두 의무적으로 발언 기회를 가진다.
- 실패의 경우 이를 인정하고 어떤 교훈을 얻을 수 있는지 팀원들은 함께 검토, 공유한다.
- 성공 시에는 팀원 모두가 함께 축하한다.

"참 멋지네요."

"그렇죠? 그런데 이것은 꼭 프로젝트팀에게만 적용되는 것은 아니에요. 현재 K과장이 근무하는 팀에도 적용 가능한 방법입니다."

"저도 돌아가면 팀장과 상의하여 팀의 문제가 되는 부분은 팀원 모두의 합의에 의한 규범으로 만들어야겠습니다. 그리고 두 번째 이야기는 말씀하지 않으셔도 알겠어요. 역지사지(易地思之)의 견지에서 생각해보란 뜻이죠."

"그래요. 갈등 발생 시 서로의 역할을 담당해보거나 서로의 기대 사항을 교환 조정하면서 갈등을 해소해야 하죠."

"그런데 프로젝트팀의 일원이 되려면 팀원으로서 갖추어야 하는 스킬이 있나요?"

"물론 있죠."

[강의 노트 – 팀원에게 필요한 스킬]

---

1. 창의성 스킬 2. 커뮤니케이션 스킬 3. 프레젠테이션 스킬 4. 협상스킬

"이미 알고 있는 사항이니까 더 자세한 설명은 하지 않겠어요. 하지만 커뮤니케이션 스킬 중 남의 말을 잘 들을 수 있는 '경청 스킬' 그리고 타인의 능력을 꺼내어 활용할 수 있는 '질문 스킬'은 꼭 배워놓으세요."

"예, 알겠습니다. 그러면 이제 다 끝났네요. 쉬었다 하시지요."

"아직 안 끝났어요. 프로젝트팀의 한 방향정렬은 지금까지 이야기한 프로젝트팀이 가지고 있는 특수한 부분에 일반팀에서 이야기했던 '일반팀 한 방향정렬' 방법이 함께 병행되어야 한다는 뜻입니다."

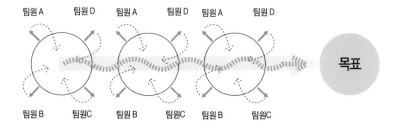

그림11. 프로젝트 팀 한 방향정렬

"그렇겠네요. 오래 함께 일한 것이 아니고 프로젝트 때문에 모인 팀이니까 일반팀에 비해 노력을 많이 해야겠군요. 그리고 그림11처럼 팀이 함께 움직여야 된다는 어려움도 있겠네요."

"그래도 프로젝트에 모이는 팀원들은 대부분 능력이 뛰어나기 때문에 어려움을 잘 극복하는 경향이 있어요. 이제 K과장의 말대로 쉬고 합시다."

창 너머에서 스며드는 빵 굽는 냄새가 고소했다.

4. 창의적인 사람의 행동

"선생님, 앞 시간에 목표달성을 위한 창의적 행동 정의에 따른 상황대응역량을 잘 발휘하는 사람이 창의적인 사람이라고 하셨는데, 그러면 그 행동을 빈번하게 그리고 잘 할 수 있게 하는 것이 중요하다는 생각이 드는데, 어떻게 하면 될까요?"

"우선 창의적 행동은 어디서 나오는가에 대해 생각해볼 필요가 있어요. '창의성' 모델 혹은 '창의적 행동' 모델은 여러 학자들이 이야기했지만, 그 중에서도 가장 많은 학자들에게 지지를 받고 있는 모델이 '토랜스 모델'과 '아마빌 모델'이지요. 둘 다 3가지 같은 구성요소로 되어 있으나 3가지 구성요소의 교집합 부분을 토랜스는 '창의적 행동'이라고 하고, 아마빌은 '창의성'이라고 정의합니다. 여기에서는 토랜스 모델에 따라 설명하지요."

1) 창의적 행동 모델

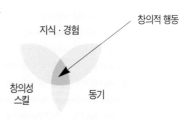

그림12. 토랜스 모델

"이 모델을 구성하는 3가지 구성요소인 지식·경험, 동기, 창의성 스킬이 균형을 이룰 때 창의적 행동을 할 수 있다고 이야기하죠. 이 3가지 구성요소 중 학교 장면에서는 지식·경험 요소가, 그리고 기업 장면에서는 아이디어를 낼 수 있는 능력, 즉 '창의성 스킬' 부분이 가장 중요해요. 그러나 최근 학교에서도 '창의성 스킬' 부분을 중시하는 경향이 많아졌어요."

"저는 직장인이라 잘 모르겠는데 정말 학교에서도 '창의성 스킬'을 가르치나요?"

"제가 여러 대학에서 '스킬'을 강의했는데 학생들이 매우 좋아해요. 그리고 공개과정을 진행할 때 고등학교 창의력 담당선생님이 강의를 수강한 적이 있지요. 최근에는 방학때면 초등학교 선생님들한테도 스킬 강의를 자주해요."

"저는 기업에서만 '창의성 스킬'을 배우는 줄 알았어요."

"그렇지 않아요. 다른 나라에서는 오래전부터 초등학생들도 '창의성 스킬'을 학습하고 있어요. 자, 그런 이야기는 나중에 하고 공부합시다. 기업에서 이야기하는 '창의력 개발'의 가정은 그림13에서 나타내는 것과 같은 의미를 지니죠."

그림13. 아이디어 100배 늘리기

"즉 지식·경험, 동기부분은 정상적인데 '창의성 스킬' 부분에 대한 면적이 작아 면적을 키우는 과정이 기업에서 말하는 '창의력 개발'인데 만일 앞의 가정이 맞다면 '스킬' 부분의 면적은 간단하게 넓힐 수 있어요. 뒤에서 소개할 '창의성 스킬' 정도만 학습하면 충분해요."

"충분하다는 말씀을 믿어도 되나요?"

"내가 창의력 강의를 10년 넘게 했어요. 그리고 최근 한겨레신문사 문화센터에서 1년, 지금은 매일경제신문사 교육센터에서 강의 제목을 '아이디어 100배 늘리기'로 정하여 2년째 강의하고 있어요. 어떤 사람은 정말 100배로 될까 궁금해서 오는 사람도 있는데 2~3일 정도 워크숍을 진행하면 100배가 아닌 무한대까지 가능한 모습을 자주 봐요. 그러니까 가장 간단하죠. 그런데 강의를 오래하면서 받은 느낌은 꼭 '스킬' 문제만 아니란 생각이 들어요."

"그럼 다른 부분에도 문제가 있다는 말씀인가요?"

"우리나라는 창의성 스킬뿐만 아니라 '동기' 부분도 작고, 더 걱정인 것은 많은 기업들이 3가지 요소의 교집합 부분이 없다는 사실이죠. 그림14를 보세요."

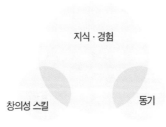

지식·경험

창의성 스킬   동기

그림14. 우리나라의 현실

"전체적으로 작고, 접하는 부분이 없네요."

"그래서 이번 시간에는 지식 · 경험, 동기부여에 관한 공부를 하려고 하는데, 특히 동기 부분은 자세히 다룰 예정이에요."

"그럼 3가지 요소 중에서 '창의성 스킬' 요소 한 가지만 빠지는데요."

"K과장이 원하던 '창의성 스킬' 부분은 내일부터 집중적으로 공부할 예정이니 걱정하지 않아도 됩니다."

2) 지식 · 경험

"선생님, 지식 · 경험이 창의적 행동에 도움이 되나요?"

"그렇죠, 음악을 하는 사람은 음악 부분에 대해 창의적 행동을 할 수 있지만, 미술 부분에는 쉽지 않을 겁니다. 또, 작곡을 한다는 것은 음악적 지식이나 경험이 없으면 불가능하지요.

헤이스(Hayes)의 연구에 의하면 위대한 작곡가 76명에 의해 만들어진 주목할 만한 작품 500곡 중 오직 세 작품만 작곡가의 경력이 10년도 채 안 된 시점에 나왔어요. 그리고 그와 비슷한 결과가 131명의 화가에게서도 나타났는데, 이 경우는 평균적인 준비기간이 6년이었다는 연구결과가 있어요."

"그럼 우리가 천재라 부르는 사람은 어떤가요?"

"천재에 관한 이야기는 무수히 많지만 창의성을 연구하는 로버트 와이즈버거(Robert Weisberg) 교수는 에디슨의 불가사의한 발명품과 피카소의 영혼을 울리는 그림들, DNA 구조를 밝힌 왓슨과 크릭의 눈부신 발견 등 광범위한 분야에 걸쳐 창조적인 성취를 이룬

기원을 추적한 결과 이 모든 성취가 관찰할 수 없는 신비한 작용에 서가 아니라, 그 전에 알려진 지식을 절묘하게 적용한 것에서 비롯 된다는 결론을 내렸습니다."

"그런데 우리가 알고 있는 이야기 중에 지식이나 경험이 창의성 에 방해가 된다는 이야기가 있잖아요?"

"있지요, 그건 '고성관념' 때문에 새로운 것을 받아들이기 어려 워하는 것을 의미하는 것이죠. 즉 '융통성'을 가로막을 수 있다는 이야기입니다. 예를 들면 하나의 볼펜을 '글을 쓴다'는 지식으로 생 각하면 다른 곳에 사용할 수 없다는 생각을 갖는 것을 의미하죠. K 과장의 회사 부서 이기주의도 이런 것의 한 분류예요."

"아, 그렇군요. 그런데 그림14에서 왜 지식·경험은 문제가 없다 고 하셨어요?"

"그건 어느 사람이든 자기가 맡은 일을 오랫동안 하면 그 일에 관해 경험과 지식이 생기지요. 그래서 문제제기를 하지 않았는데 세상의 변 화가 빨라졌기 때문에 앞으로는 그 부분도 문제로 대두될지 모릅니다."

"그럼 지식·경험도 학습해야 된다는 말씀인데, 학생과 직장인은 방법이 달라야 하지 않을까요? 먼저 학생은 지식습득을 어떻게 하 면 될까요?"

"글쎄요? 학생이 학문을 하는 경우 르네상스 이후에는 두 가지 이상의 학문을 하는 것이 거의 불가능해졌지요. 오늘날처럼 문명이 진화할수록 여러 지식을 섭렵하는 것보다 한 가지 지식 전문가가 유 리할 듯합니다."

"한 가지 지식만 가지고 이 험난한 세상에서 생존할 수 있을까요?"

"한 분야를 깊게 공부하는 것과 여러 분야를 넓게 공부하는 것이 궁극적으로 어느 정점에서 같이 만난다고 생각하는 것이 제 생각이지요."

"무슨 뜻이죠?"

"예를 들면, 내 친구 중에 한 분야를 30년 정도 공부하고 세계적인 석학이 된 경우가 있어요. 그런데 그 친구와 이야기를 하다보면 전공인 공학은 물론 철학, 심리, 경제 등 모든 분야에 대단한 통찰력을 가지고 있습니다."

"저도 그런 사람을 만나본 적이 있어요."

"그래서 학생이 중심을 잃고 우왕좌왕하면서 이것저것 공부해서 선무당이 되어 사람 잡는 것보다 자기 전공분야를 깊게 공부해서 전문가가 되는 것이 중요하다고 생각해요."

"그럼 학교만 졸업하면 전문가가 될 수 있다는 말씀이신가요?"

"그렇지는 않아요. 제 경험에 비춰보면 업종과 사람마다 다르겠지만 한 분야의 전문가는 10년 정도의 경력이 필요하다는 생각을 합니다. 그러니까 열심히 공부한 학생들은 전문가에 입문한 정도겠지요."

"선생님도 창의력 전문가인데 10년이 걸리셨나요?"

"예. 창의력 공부(그 중에서도 창의성 스킬 부분)를 시작한 것이 1990년인데 10년이 지난 2000년쯤 되니까 내가 공부하는 분야가 한눈에 들어오는 느낌을 받았어요."

"그럼 도사가 되셨단 말씀인가요?"

"도사는 무슨.… 전문가가 되었다는 뜻이지요."

"네. 그런데 학생과 직장인은 차이가 있어야 할 것 같은데 직장인은 지식습득을 어떻게 해야 할까요?"

"직장인의 경우 자기 업무와 관련된 부분의 책읽기나 세미나 참석 등을 통하여 실력을 쌓고 그것이 끝나면 다른 분야에 눈을 돌려 공부하는, 소위 '자기개발'을 평생 동안 해야합니다. 앞으로는 이 부분이 직장인의 경쟁력이 될 테니까요."

"선생님, 그래서 제가 창의력을 배우려 이곳에 왔지 않습니까?"

"그래요. 바로 K과장 같은 행위가 자기개발 행동이지요. 그런데 지금은 많이 변했지만 아직도 교육을 받으러 오면서 도살장에 끌려가는 소처럼 바쁘다는 핑계로 빠지려고 하는 사람이 있지요. 안타까운 일이에요. 말 나온 김에 다른 이야기 하나 해볼까요?"

"무슨 이야기요?"

"1997년도에 IMF가 왔는데 모 회사에 다니는 친구한테서 전화가 왔어요. 자기가 구조조정 담당자가 되어 다른 사람들을 명예퇴직을 시켜야 하는데 고민이라고. 그 뒤 내 궁금증은 어떤 조건의 사람이 명예퇴직 대상자가 되었을까 하는 것이었어요. 나중에 만나 물어 보니 바쁘다는 핑계로 교육을 받지 않은 사람이 대상자가 되었답니다."

"왜 그렇죠?"

"그의 이야기에 따르면 교육을 받은 사람은 잠재능력이 있어 회사에 공헌할 것으로 예상되나 교육을 받지 않은 사람들은 능력이 소진되어 더 이상 공헌할 수 없다는 기준이 설정되었다더군요."

"그건 지금처럼 급변하는 시기에는 이해가 됩니다. 저도 올해 6

월까지 아이디어 내는 능력을 향상시키지 못할 경우 12월 말에 명예퇴직하겠다고 팀장과 약속했어요."

"아이디어 내는 것에 관해서는 걱정하지 마세요. 토랜스와 피터스가 추천해준 제가 있잖아요."

P선생은 어깨를 으쓱했다.

"그럼요. 저는 선생님을 굳게 믿습니다."

"자, 그럼 지식 · 경험 부분은 여기까지 하고, 자세하게 다루기로 한 동기부분으로 넘어가죠."

"자세히 다룬다는 이야기는 그만큼 중요하다는 말씀인가요?"

"조금 전 그림14에서 본 것처럼 너무나 작게 만들어진 원을 크게 확대하려면 이 부분을 중요하게 생각해야 할 겁니다. 그리고 조직 구성원들이 동기부여가 되려면 여러 가지로 조직 내에서 많은 검토가 필요할 것이고요. 다음 강의 노트를 보세요."

[강의 노트 – 동기부여]

♦ 내적 · 외적동기

♦ 몰입이론

♦ $E=mc^2$

---

3) 동기부여

"내적 · 외적동기 이론을 깊이 있게 연구한 학자는 누구인가요?"

"이 분야에 관심을 가지고 연구한 학자는 많으나 그 중 대표적인 인물이 아마빌이지요."

"그분은 여러 곳에서 명함을 내미네요."

"그럼요. 오랫동안 창의성 분야를 연구하고, 그 결과를 책이나 논문으로 내서 우리들에게 창의성에 대한 많은 지식과 정보를 제공해주니, 우리는 항상 그런 분들에게 감사해야지요."

"그럼 아마빌은 내적·외적동기가 모두 중요하다고 했나요?"

(1) 내적동기·외적동기

"대부분의 논문에서는 외적동기보다 내적동기를 강조합니다. 〈하버드 비즈니스 리뷰〉에 쓴 '창의성 말살하기' 란 논문에서 '외적동기는 그 동기가 당근이건 채찍이건 그 사람의 외부로부터 부여된 것이고, 경영자들이 가장 일반적으로 이용하는 외적동기부여의 수단은 돈이다. 돈이 반드시 부정적 영향을 미치지는 않지만 대부분의 경우 실질적인 도움이 되지 않는다. 특히 구성원들이 돈으로 매수당하고 있다고 느끼거나 조종당하고 있다고 느낄 때는 더욱 그러하다' 라고 밝히고 있습니다."

"그럼 내적동기에 관해서는 후한 점수를 주겠네요."

"맞아요! 그녀는 일반적으로 열정과 흥미는 전적으로 내적동기에 달려있다고 이야기합니다.

사람들은 내적동기가 부여가 되었을 때는 도전 그 자체와 즐거움을 위해 업무를 수행하게 되고 업무에서도 동기부여가 된다고 이야기합니다."

"정말 그럴까요?"

"누가 만들어낸 이야기인지는 모르겠지만 그녀를 지지하는 사람들은 다음과 같은 예를 들어 설명합니다. 한 심술궂은 노인이 공터 옆에서 살고 있었는데, 그곳은 방과 후에 아이들이 야구 시합을 하기 위해 자주 모이는 곳이었답니다. 노는 아이들의 시끄러운 소리에 화가 난 노인은 유명한 심리학 교수를 찾아가 그 문제에 관한 조언을 들었어요. 그리고 어느 날 그는 아이들에게 다가가 다음과 같이 얘기했어요. '나는 너희들이 여기서 야구시합하는 것을 구경하는 게 너무 재밌단다. 그래서 내가 지금부터 너희들 각자에게 매일 25센트씩 주겠다.' 아이들은 그냥 놀아도 즐거운데 돈까지 준다고 하니 정말 좋아했지요. 그 노인은 약속한 대로 그 주에 매일 25센트씩 주었어요. 그런데 노인은 다음주에 그 공터에 나가서 '미안하구나, 나는 매일 25센트씩 줄 돈이 없단다. 그러니 지금부터는 10센트씩만 줄게.' 그랬더니 몇 명의 아이들은 그것에 대해 불평을 했고 대부분은 그냥 받아들였어요. 왜냐하면 그 장소에서 그냥 놀기를 원했기 때문이지요. 그 다음주에는 그 보상이 5센트로 줄었고, 급기야 며칠 뒤 노인은 '미안하구나. 여기서 노는 것에 대하여 더 이상 한 푼도 줄 수가 없구나'라고 선언했지요. 이 말을 듣고 아이들은 화가 나서 그에게 다음과 같이 불평했어요. '한 푼도 주지 않으면서 우리가 여기서 계속 놀 것이라고 생각하시지는 않겠죠?' 결국 그들은 떠났고 다시 돌아오지 않았다고 말하면서 내적동기가 이렇게 중요하다는 이야기를 합니다."

"그러면 아마빌은 내적동기 요소로 무엇을 말하나요?"

"그녀는 과제에 대한 도전의식, 자유(실제는 임파워먼트 (Empowerment) 의미), 시간과 돈의 자원, 효율적인 팀 구성, 상사의 격려, 조직의 지원 이렇게 6가지 요소를 이야기합니다."

"대단히 중요한 요소만 이야기했는데요. 선생님께서도 아마빌의 주장에 동감하시나요?"

"저는 그렇지 않아요. 뒤에 소개할 $E=mc^2$의 방법을 가장 좋은 모델로 생각하지요. 그런데 우리나라에서 아마빌에 대해 관심을 갖고 연구하는 교수를 만났는데, 최근 아마빌도 때에 따라 외적보상도 중요하다는 논문을 발표하기 시작했다고 합니다. 요즘은 돈 앞에 장사가 없나봅니다."

"그렇군요. 아마빌도 외적보상이 중요하다는 논문을 쓸 날이 멀지 않았겠군요."

"글쎄 궁금하면 직접 연락을 해봐요. 요즘은 이메일로 쉽게 연락할 수 있잖아요."

"강의 노트에 '몰입이론'이라고 나왔는데, 그것은 누구의 이론인가요? 처음 보는데요?"

(2) 몰입이론

"이 이론은 칙센미하이가 만든 독특한 이론으로 자신이 관심을 쏟는 대상에 완전히 빨려듦을 느끼는 상태를 '몰입(flow)'이라고 했는데 내적동기와 관련이 깊어 이곳에서 소개하는 겁니다."

"몰입상태가 되면 행복하겠네요."

"칙센미하이의 절친한 친구인 하버드대학교 교수 하워드 가드너는 그의 책 『열정과 기질(Creating Minds)』에서 '몰입의 감정 상태는 어떤 활동분야에서도 경험할 수 있다. 이렇게 몰입상태에 있는 사람들은 자신이 무엇을 경험했는지 조차도 모른다. 하지만 나중에 뒤돌아 생각해보면 자신이 완전히 살아 있었고, 자신의 모든 것이 실현되는 절정의 경험을 했다고 느낀다.

창의적 행동을 하는 사람들은 자주 이러한 감정상태를 추구한다고 말한다.

나름대로 탄탄한 실력을 갖춘 음악 연주자들은 익숙한 곡을 정확하게 연주하면서 몰입상태를 경험하게 되고, 젊은 연주대가들은 연주하기에 가장 어려운 곡에 도전하고 싶어진다. 오랜 연륜을 쌓은 거장들은 익숙한 곡을 독창적으로 재해석하거나, 겉으로는 단순해 보이지만 실제로는 청중을 사로잡는 어려운 작품을 다시 집어든다. 이렇듯 창의적인 사람들은 좌절을 겪더라도 자신의 전문분야에 지속적으로 도전하고 마치 도박판에서 판돈을 올리듯 보상받지 못할 위험까지 감수하면서 도전한다'고 말합니다."

"그러면 몰입과 행복은 시간 차이가 있네요."

"K과장의 경우도 마찬가지지요. 만일 중요한 비즈니스 때문에 정신없이(몰입상태) 일하다 그 비즈니스가 성사되면 행복한 것과 같은 원리지요. 가드너는 사람들은 비즈니스가 어려울수록 그리고 그것을 성사시키고 나면 더욱더 큰 몰입과 행복을 느끼기에 사람들은 위험을 감수하면서 도전한다는 이야기를 하는 것이죠."

"지금 말씀하신 것은 과제나 목표에 관한 것인데, 목표만 도전적이면 몰입상태에 들어갈 수 있단 이야기인가요?"

"아닙니다. 칙센미하이는 '7가지 몰입의 조건'을 제시해요. 강의 노트를 봅시다."

[강의 노트 – 7가지 몰입의 조건]

1. 분명한 목표가 있어야 한다.
2. 어느 정도 잘하고 있는지 알아야 한다.
3. 도전과 능력의 균형을 이루어야 한다.
4. 행위와 인식이 하나가 되어야 한다.
5. 방해받는 것을 피해야 한다.
6. 자기 자신, 시간 그리고 주변을 잊어야 한다.
7. 경험자체가 목적이 되어야 한다.

"이 조건은 정말 치밀하게 만들어졌네요."

"그런데 이 조건을 잘 검토해보면 당신이 근무하는 회사에 적용 가능한 것이 많아요."

"진짜인가요?"

"그럼요. 얼마 전 어느 회사에 교육을 가서 깜짝 놀란 일이 있었어요. 그 회사에서는 전 직원이 칙센미하이의 『플로우(flow)』에 관해서 연구 중이었어요."

"조직원의 내적동기부여를 위해서요?"

"아니요."

"그러면요?"

"고객을 위해서."

"무슨 회사인데 고객을 위해 몰입을 연구하죠?"

"컴퓨터 게임회사입니다. 정확한 몰입조건 7가지를 통해 게임을 만들고 있었어요. 내 능력에 맞는 과제, 정확한 점수 피드백, 즐거움 등…."

"정말 그 회사는 몰입 컨셉이 딱이네요."

"당신 회사도 내부고객을 위한 몰입을 통한 동기부여 방법을 연구해보세요."

"힌트 좀 주세요. 다른 기업에서는 어떻게 적용하면 될까요?"

"예를 들면 이런 거지요. 1. 목표는 앞에서 설명했으니 되었고, 2. 어느 정도 잘하고 있는가는 피드백 시스템을 도입하는 겁니다. 아메리칸항공에서는 제안제도를 운영할 때 상자를 2개 설치하여 한 상자에는 '보상을 원한다면 이곳에 넣으시오'라고 또 다른 상자에는 '보상을 원하지 않으면 이곳에 넣으시오'라고 하고, 분리 설치했다고 합니다."

"K과장이 다니는 회사가 이런 상자를 설치하고 나중에 열어보면 어느 쪽에 제안서가 많이 들어 있을까요?"

"그거야 보상 대신 무엇을 해주는가에 따라 다르겠죠."

"그렇지요. 많은 사람들은 그 무엇으로 피드백을 요구했어요. 그것도 사장의 피드백. 그렇게 함으로써 제안제도의 대성공을 거두었지요. '사장이 내 제안을 본다'는 것에 동기부여가 되어 대성공을 거뒀습니다. 당신 회사도 해보세요. 대신 피드백은 빠를수록 좋아요."

"정말 그럴까요?"

"강한 의심은 공부하는 자세로 좋은데 이런 경우 실시 후에 의심해보는 것이 더 나은 방법 아닐까요?"

나는 가슴이 뜨끔했다.

"3. 도전과 능력(스킬)의 균형은 그림15를 봅시다.

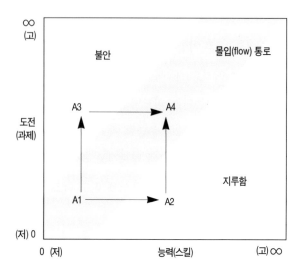

그림15. 과제와 능력(스킬)의 함수

* 출처 : flow, 칙센미하이, 한울림, 2004, p.146.

예를 들어 '창의적 프로젝트'를 할 경우 A1 상태는 처음에는 호기심과 재미가 있는 상태지요. 그러다가 지루하거나 흥미를 잃으면 A2로 이동하고 과제가 너무 도전적이면 A3로 이동하지요. A2의 경우는 과제의 난이도를 높여 도전 A4로 이동하고, A3의 경우 좋은 코치나 멘토를 만나거나 학습을 통해 A4로 이동합니다. 이런 방법을 통해 몰입을 경험하게 됩니다. 이제 K과장도 이 과정이 끝나고 돌아가면 A3에 있는 조직 구성원들에게 아이디어 내는 법에 관해 '코치'나 '멘토' 역할을 할 수 있을 거예요."

"꿈같은 이야기입니다. 명예퇴직이나 당하지 않으면 됩니다."

"꿈을 크게 가져요. 세상은 꿈꾸는 자의 몫이니까."

"고맙습니다!!"

"4. 행위와 인식(행동)이 일치해야 된다는 이야기입니다. 생각 따로 몸 따로라면 곤란하단 이야기죠. 예를 들어 팀장교육을 가보면 팀장의 비전(생각)은 '통닭집 경영'인데, 몸과 말로는 팀원들에게 회사를 위해 비전과 목표를 꼭 가져야 된다고 이야기하지요. 이런 경우 팀원들이 압니다. 우리 팀장 회사생활 힘들겠구나 하고…."

이 이야기를 하면서 P선생은 웃었지만, 나는 가슴이 아팠다.

"5와 6의 경우 2005년 3월 29일, 모든 신문에 마이크로소프트 (MS)의 빌 게이츠가 1년에 두 차례씩 일주일간 시골별장에 틀어박혀 외부와의 접촉을 끊고 '생각 주간(Think week)'을 갖는다라고 나왔어요. 또 디즈니의 '꿈 휴양소'나 타회사에서 운영하는 '창의성을 위한 방' 등의 벤치마킹을 생각할 수 있지요. 7의 경우 재미ㆍ유머경영 등의 요소를 생각하여 재미있는 회사를 만드는 법을 연구하라는 겁니다. K과장, 나중에 그 회사 사장될 거 아닌가요?"

P선생의 도가 점점 수위를 넘고 있었다. 빨리 다음으로 넘어가야 겠다.

"선생님, 이제 몰입이론에 관해서는 잘 알겠으니 가장 좋아하신 다는 $E=mc^2$의 동기부여에 관한 설명해주시지요."

(3) $E=mc^2$

"그래요, $E=mc^2$ 하면 무슨 생각이 나세요?"

"아인슈타인…."

"또?"

"신문광고의 학습 보조기구…."

"또?"

"모르겠어요."

"다른 의미로 알게 된 것은 2001년도에 '경호!' 프로그램 강의를 데이비드 캐롤(David Carroll) 박사에게서 들으면서 알았어요. 자기가 캔 블랜차드에게 말해서 $E=mc^2$ 의 모델을 경호 내용 중 '기러기 선물'의 부분에 넣었는데, 책 흐름에 딱 들어맞는 이야기라 고 한참 자랑을 하더라고요."

"선생님께서도 이 모델을 제일 좋아하신다면서요?"

"그래요. 캐롤 박사가 예뻐서 그런 것은 아니고 그가 이야기한 것 을 내 방식으로 바꾸면 상당히 좋은 동기부여 방법론이 될 수 있기 때문이지요. 다음 강의 노트를 한번 보세요."

[강의 노트 – E=mc²]

◆ E=mc²에서

E는 열정(Enthusiasm), m은 미션(mission), c는 금전(cash), c는 격려

(congratulation)

"강의 노트에 쓰인 동기부여 모델이 '경호'에서 말하는 본래의 형태인가요? 아니면 선생님이 바꾸신 건가요?"

"본래 이렇게 되어있고 저는 여기에서 m을 미션이 아닌 전략요소 중 일부를 골라 전략 마인드(mind)로 바꾸었으면 해요."

"전략요소는 앞의 한 방향정렬에서 배운 것을 의미하는 건가요?"

"그래요 맞아요. 한번 기억해 보세요."

"비전, 미션, 전략… 음… 생각이 잘 안 나는데요."

"전략요소에는 비전, 목표, 전략, 전술, 미션, 핵심가치가 있는데, 이중 마인드요소에는 비전, 목표, 미션, 핵심가치가 있고, 행동요소에는 전략, 전술, 핵심가치가 있어요."

"이렇게 나눈 것은 어떤 기준이 있나요?"

"특별한 기준이 있는 것은 아니고 제가 그냥 임의대로 나눈 거예요."

"그런데 선생님께서는 전략 마인드가 왜 중요하다고 생각하시는 거죠?"

"마인드야말로 동기부여의 중요 요소라고 생각해요. 왜냐하면 마인드는 회사의 꿈과 나의 꿈을 공유하고 실천하며, 또 자기가 하고

있는 일이 중요하고 소중한 가치가 있음을 알게 하는 것이기 때문이에요."

"너무 어려운 이야기입니다."

"어렵지 않아요. 저는 우리나라 일류기업의 구분을 이렇게 해요. 예를 들면 전 조직 구성원이 올해 우리 회사 매출 목표를 알고 있는지 없는지를 구분하고, 알고 있으면 일류 아니면 이류 삼류로 가는 거죠."

"그렇게 단순하게 구분하는 것은 무리가 있는 것 아닌가요?"

"이건 경험인데요. A라는 회사의 올해 매출목표가 100억이라고 가정하면 사장, 임원, 팀장, 팀원, 식당아줌마, 수위아저씨까지 모두가 100억으로 동일하게 알아야 한다는 의미입니다."

"나머지는 몰라도 식당아줌마, 수위아저씨까지는 알 필요가 있을까요?"

"무슨 소리예요. 그분들이 제일 중요해요. 수위아저씨는 회사에 찾아오는 고객을 처음으로 맞이하는 회사의 대표로 그들의 이미지에 따라 고객은 그 회사를 평가해요. 일반적으로 내 행동이 회사 매출 100억 달성에 중대한 영향을 끼친다는 사실을 알고 있을 때와 모르고 있을때와는 행동이 다르겠죠. 매출 100억에 대한 책임감을 공유할 때 좀더 상냥하고 친절하게 고객을 대하면서 좋은 이미지를 심으려고 최선을 다할 겁니다. 식당아줌마도 마찬가지죠. 내가 100억 달성에 기여한다고 생각하면 밥은 좀더 맛있게, 반찬은 깔끔하게 하려고 노력할 거예요. 왜냐하면 내가 하고 있는 일이 중요하고 가치있는 것으로 회사 목표 100억 달성에 공헌한다고 느끼게 되기 때문이죠."

"아! 그렇군요."

"세상에 어느 일이든지 다른 각도에서 바라보면 가치 없는 일이 없어요. 회사의 리더들은 특히 회사의 음지에서 일하는 분들에게 이런 것을 알려줄 필요가 있어요. 당신이 하고 있는 일은 중요하고 가치 있는 일이고, 그래서 당신들은 우리 회사의 소중한 인재라는 사실을 알릴 의무가 있어요."

"그럼 목표 이외에 다른 요소는 어떤 가요?"

"마인드요소 중 설명이 안 된 다른 요소는 비전과 미션인데, K과장은 비전이 뭐예요?"

"회사 비전입니까? 개인 비전입니까?"

"조금 전 목표에서 회사 이야기는 했으니까 개인 비전이 무엇인지 말해봐요."

"제 개인적인 비전은 5년 후 32평 아파트를 사서 그곳에서 생활하는 겁니다."

"이루질 거라고 생각하시는지요?"

"꼭 이루어질 겁니다."

"그래요, 비전이란 미래에 이룰 수 있는 꿈을 이야기하는 거니까요. 5년 후 그 비전이 달성되면 가족이 어떤 모습으로 생활을 할까요?"

"저희 가족은 5년 뒤에는 현재 사는 전셋집처럼 주인 눈치를 보지 않고 생활해도 되고, 특히 딸은 자기방을 예쁘게 꾸미겠다고 벌써부터 난리예요."

"한마디로 '동기부여'가 된 거네요."

"그렇죠."

"그게 바로 기업에도 그대로 적용됩니다."

"정말 그렇겠네요. 그런데 우리 회사는 그런 비전에 관한 이야기는 왜 없지?"

"그런 회사도 있어요. 그리고 마지막으로 미션은 '존재이유' '임무' '사명' '목적' 등 회사마다 다르게 부르지만, 회사가 내·외부 고객 때문에 존재함을 기억하고, 고객의 요구사항을 실천하므로 고객의 삶의 질을 개선하는 의미로 사용되지요."

"그러면 미션도 상당히 중요한 마인드이군요."

"그렇죠. 그런데 이런 전략적 마인드를 설정하는 것보다 함께 공유하고 실천하는 게 일류기업으로 가는 길이라고 생각해요."

"알겠습니다. 제가 회사에 가면 사장님과의 면담을 통해 오늘 선생님께서 하신 말씀을 전달해 실천하도록 하겠습니다. 그러면 이제는 금전(cash), 격려(congratulation)에 관한 이야기 좀 해주세요. 참! 질문 있는데요. 제가 학교 다닐 때 '조직 행동론'이라는 과목을 배우면서 '금전'과 '격려'는 서로 다른 요소라고 배운 기억이 있어요."

"아! 혹시 이런 이론 아닌가요. 허즈버그(F. Herzberg)의 2요인(二要因) 이론(two factor theory)말예요."

"예, 맞습니다. 만족과 불만족요인을 이원화했다는 이론이죠."

"맞아요. 다른 동기 관련 연구자들은 모두 만족과 불만족요인을 한 축(one factor)에 놓고 불만족요인이 감소하면 만족요인이 증가한다는 식의 방법론을 통해 동기를 분석한데 반해, 허즈버그는 만족

요인 축과 불만족요인 축이 각각(만족 축, 불만족 축) 달라 불만족
요인 감소는 만족이 증가하는 것이 아니고, 불만족요소가 감소한다
는 이론이죠. 강의 노트를 보시죠."

[강의 노트 - 허즈버그의 2요인(二要因) 이론]

◆ 동기요인(만족요인)은 성취, 성취에 관한 인정, 도전적이고 보람된 일
◆ 위생요인(불만족요인)은 작업조건, 돈, 지위, 안정

"노트 내용은 알겠는데 허즈버그의 이론과 $E=mc^2$의 관계는
요?"

"허즈버그는 두 축으로 나누고 나서, 서로 관련성이 없다고 했으
나, $E=mc^2$에서는 공식에서 보는 것처럼 비례해서 증가하죠."

"또 다른 점은 없나요?"

"$E=mc^2$에서 금전(cash)에 관한 부분은 급여, 스톱옵션, 인정
보상 등으로 주체가 회사차원에서 이루어져야 하고, 격려
(congratulation)는 인정, 칭찬, 격려 등으로 팀원 각자가 실천
할 수 있으며 회사가 시스템으로 구축하면 더욱 효과 있는 방법이
죠. K과장이 속한 팀도 금전 부분은 힘들 수 있지만, 격려 부분은 당
장 실행이 가능한 부분이에요. 예를 들면 팀원들끼리 앞에서 배운
'팀 규범'을 정하여 서로의 성과를 인정하고 칭찬하는 쪽으로 팀 분
위기를 바꾸는 거죠. 그래서 서로 경쟁상대가 아닌 파트너로서 생각

하고 팀원이 성공해야 내가 성공한다는 팀원들간의 의식이 중요해요. '칭찬은 고래도 춤추게 한다' 란 이야기 들어보셨어요?"

"들어봤습니다. 가서 해야 할 일이 점점 많아지고 있네요. 이제 동기부여에 관한 내용은 다하셨나요?"

"아닙니다. 다 하려면 끝이 없어요."

"마지막으로 딱 하나만 선생님께서 중요하다고 생각되는 부분의 제목을 말씀해주세요. 제가 찾아서 학습하겠습니다."

"정말이죠? 그럼, 어떻게 사무실을 꾸미면 조직 구성원들이 물리적·심리적으로 자극을 받아 창의적 활력이 넘치게 만들 수 있는지 물리적·심리적·창의적 환경요인에 관해 공부해 보세요."

"예, 꼭 그렇게 하겠습니다."

창 밖의 한강은 말없이 흐르고 있었다.

"선생님, 어느 세미나에서 '창의성과 문제 해결은 같다' 고 배웠는데 정말 그런가요?"

"꼭 같지는 않아요. 다만 문제 해결 시 창의성의 비중이 크기 때문에 그렇게 이야기할 거예요."

5. 창의성과 문제 해결

P선생은 강의 노트를 펼쳤다.

[강의 노트]

◆ 문제란?

목표와 현상 사이의 차이이며 해결해야 할 사항이다.

1) 창의적 문제 해결

"선생님, 평소 우리는 문제라는 단어를 쉽게 사용했는데 노트에 이렇게 써놓으니 어렵네요."

"그래요? 그림으로 설명하면 쉬울 거예요."

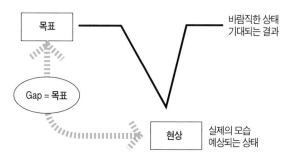

그림16. 문제란?

"그림16처럼 문제란 목표, 여기서 목표는 바람직한 상태, 기대되는 결과를 의미하고, 현상은 실제의 모습, 예상되는 상태를 의미하죠. 예를 들어 출근시간이 9시(바람직한 상태)인데 가끔씩 10시(실제의 모습)에 출근하는 팀원에게 팀장이 손가락으로 지적하며 '문제야, 문제' 이렇게 말했다면 '10시−9시＝1시간' 차이 때문에 문제라고 하는 거죠."

"간단하군요. 이제 문제의 의미는 알았는데, 그렇다면 문제와 문제점은 같은 의미인가요?"

"그건 그렇지 않아요. 문제와 문제점은 다른 개념이에요. 문제는 조금 전에 설명한 '차이'를 의미하며, 문제점은 그 차이를 만든 원인 중 '핵심원인'을 의미하며 해결해야 할 대상으로써 해결하지 않으면 문제 해결이 안 된다는 이야기입니다."

"그런 차이가 있네요. 그런데 핵심원인이 뭐죠?"

"그 이야기는 뒤에 설명될 거니까 조금 기다리세요."

"그럼 문제 해결이란 무엇인가요?"

"문제 해결이란? 아래 그림을 봐요."

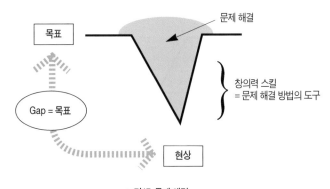

그림17. 문제 해결

"그림17처럼 차이를 줄이거나 없애는 과정을 문제 해결 과정이라고 하는데 이때 문제 해결의 도구로 K과장이 내일부터 배울 '창의성 스킬'이 방법론을 제공하지요. 그래서 대부분 '창의적 스킬을 통해 문제를 해결한다' 라는 말을 줄여 '창의적 문제 해결' 이라고 부릅니다. 결과적으로 문제 해결 과정은 문제 해결의 프로세스라는 논리적 틀을 배우는 것이고, 이때 창의성은 스킬로써 문제 해결을 돕는 것을 의미하지요. 논리적 과정을 중시하는 사람들은 '문제 해결', 그리고 창의성을 중시하는 사람들은 '창의성' 이라고 부르다 보니 '창의성과 문제 해결은 같다' 라고 이야기하는 사람이 많은 거예요."

"아! 그렇군요. 그럼 문제 해결 프로세스에 대해 알려주세요."

2) 문제 해결 프로세스

[강의 노트 - 문제 해결 프로세스]

◆ 문제 해결 프로세스

  1단계: 문제인식 ➡ 2단계: 문제파악 ➡ 3단계: 해결안 도출 ➡ 4단계: 해결안 평가

"대부분 문제 해결 프로세스는 이렇게 네 단계로 되어 있고, 이 단계를 중심으로 사람에 따라 몇 단계가 세분화되지요."

"그런데 선생님, 이건 세분화될 수밖에 없을 것 같아요. 혹시 선생님 경험에 의한 세분화된 프로세스가 있으면 알려주세요."

"물론 있습니다. 하지만 문제 해결 자체에 대해서도 고민이 있고, 이 프로세스에 대해서도 고민이 많아요. 그 고민은 조금 뒤에 언급하기로 하고 우선 프로세스 이야기부터 시작해보기로 하지요."

[강의 노트 − P선생 프로세스]

1단계: 문제제기 ➡ 2단계: 문제분류 ➡ 3단계: 우선순위 결정 ➡ 4단계: 원인분석 ➡ 5단계: 핵심원인 찾기 ➡ 6단계: 목표설정 ➡ 7단계: 해결안 도출 ➡ 8단계: 해결안 평가 및 수정 ➡ 9단계: 실행 계획 작성 ➡ 10단계: 실행 ➡ 11단계: 피드백 미팅

"와! 이거 대단히 복잡하네요. 이 단계가 다 필요한가요?"

"다 필요합니다. 지금 제시한 이 단계는 머리에서 그냥 나온 것은 아니고, 백차례 이상 문제 해결 진행자(facilitator)로 참여하면서 얻은 프로세스라 K과장도 알면 쉽게 적용할 수 있을 겁니다."

"그럼 프로세스를 단계별로 설명을 해주세요."

"이 프로세스를 다 설명할 필요는 없어요. 7, 8단계는 나중에 '창의성 스킬'에서 자세히 다룰 것이고, 9, 10, 11단계는 실행과정이므로 제외할게요. K과장은 1단계에서는 무엇이 어려움일 것 같나요?"

"선생님, 질문의 의도를 잘 모르겠는데요."

"그러면 그냥 설명하지요. 1단계 '문제제기'가 매우 중요해요. 나 혼자서 문제 해결을 한다면 괜찮지만, 조직 구성원들이 함께 문제 해결 워크숍을 한다면 가장 중요한 건 '문제제기자'의 비밀보장

입니다. 문제란 조직원들이 입 밖에 내길 어려워하는 경우가 많지요. 그런데 자기 상사를 앞에 놓고 이야기한다는 건 '누가 고양이 목에 방울을 달까?'와 같은 경우니까 비밀보장이 워크숍의 승패를 좌우해요."

"그렇겠네요. 그럼 비밀보장은 어떻게 하면 될까요?"

"예를 들면, 메모지에 문제를 적어 일괄적으로 내게 하고 그 조직구성원 중에서 가장 신참인 직원에게 문제를 대필시켜 글씨체를 통일하고, 메모지 원본은 그 자리에서 파기하는 방법이지요. 그러면 문제제기자의 비밀이 보장됩니다."

"그렇겠네요. 그런데, 왜 신입직원이죠?"

"그것은 일반적으로 신입직원이 입이 무겁고, 또 아직 조직원들의 필적 파악이 되지 않아 비밀유지가 쉬워서 그래요."

"제가 미처 생각하지 못했던 대단한 노하우네요."

"2단계 문제분류에서는 보통 문제 해결에 관한 워크숍을 하면 어려운 문제에 직면하면서 포기하는 경우가 많아요. 그래서 이 단계에서는 워크숍에 모인 구성원들이 함께 노력하여 해결 가능한 문제를 찾아 함께 해결하는 것이 중요합니다."

"그럼 쉬운 문제만 다룬다는 이야기인가요?"

"꼭 그렇다는 것보다 함께 문제를 인식하고 해결하려고 노력하는 가운데 뒤따를 프로세스 실행에 큰 영향을 미치지요."

"그럼 해결 가능한 문제를 어떻게 찾나요?"

"보통은 제기된 문제(1단계)를 A, B, C로 구분해요. A급 문제는 워크숍에 참석한 구성원들이 함께 노력하면 해결 가능한 문제, C급 문제는 구성원들끼리는 도저히 해결이 불가능한 문제, 예를 들면 법규, 시스템 등이 바뀌어야 가능한 문제지요. 그리고 B급은 A와 C의 혼합형입니다. 이럴 경우 뒤의 단계인 3단계 이후로는 A급 문제만을 다루어야 해요."

"그러면 A급 문제가 많아야 좋은 것 아닌가요? 그리고 애써 내놓은 B, C급 문제는 어떻게 하나요?"

"실제 문제 해결 워크숍에서는 B, C급 문제가 적은 것이 좋아요. 그 방법은 직급이 높은 사람이 참석하면 할수록 B, C급 문제는 줄어들지요. 생각해봐요. 당신보다는 팀장이, 팀장보다는 사장이 참석하면 당신에게는 C급인 문제도 사장에게는 A급이 될 수 있지요."

"그렇군요. 그러니까 워크숍은 누가 참석하느냐가 승패를 좌우하는데, 그 이유는 A급 문제가 많아지기 때문이라고 이해하면 됩니까?"

"그것 외에도 권한이 많은 분이 참석하면 그곳에서 나온 아이디어를 신속히 해결할 수 있고, 혹은 나중에 아이디어 실행 시 힘이 실리지요. 그리고 B, C급의 문제는 회사에 건의사항으로 처리해야 해요. 그건 GE의 워크아웃(work-out)방법과 같지요.

3단계는 2단계에서 나온 A급 문제로 이 워크숍에서 해결할 문제의 우선 순위를 결정하는 과정으로, 참석인원 각자가 제시된 문제 중에서 긴급하고 중요하다고 생각하는 문제에 전원 투표를 행사하여 중요 문제를 뽑는 절차입니다. 이때 좀더 쉬운 방법은 문방구에서 파는 스티커(Dot)를 사다가 문제 옆에 투표(Dot voting)하고 숫자를 세는 거지요."

"선생님, 그럼 우선 순위 뒤에 해당되는 문제는 어쩌죠?"

"우선 워크숍 시간 내에 가능한 많은 문제를 해결하도록 노력해야하지만 모두 다 할 필요는 없어요.

4단계는 원인분석으로, 3단계에서 선택된 문제를 가지고 그것이 문제가 된 원인을 찾는 겁니다. 주로 특성 요인도(자세한 것은『아무도 생각하지 못하는 것 생각하기』참조) 기법으로 분석하는 4M1E를 통해 분석하지요. 4M1E는 기계(Machine), 사람(Man), 재료(Material), 방법(Method), 환경(Environment)을 토대로 그와 관련된 사항의 원인을 파악하여 분석합니다.

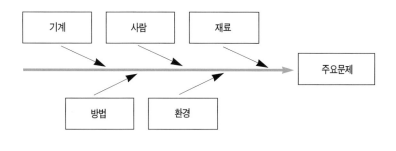

그림18. 특성요인도

최근에는 사회가 다양화되다보니까, 원인분석 시 꼭 4M1E를 사용하는 것이 아니고, 문제의 원인을 포스트 잇에 여러 장 적어 제출한 뒤 같은 유형끼리 묶어 그 묶음을 대표할 수 있는 제목을 달아 4M1E 대신 그 제목을 사용하는 방법을 쓰지요. 예를 들면 같은 유형으로 제목이 정책, 마케팅, 절차, 제품 등이 나왔으면, 이것을

4M1E 대신 사용해도 무방하다는 이야기예요.

5단계에서는 핵심원인 찾기로 주로 5Why's 기법을 사용하는데, 파악된 원인에 '왜?(Why?)'의 질문을 다섯 번 정도 물으면 그 안에서 핵심원인을 찾을 수 있는 방법입니다."

"꼭 다섯 번만 물어야 하나요?"

"꼭 그렇게 할 필요는 없고, 몇 가지 주의사항이 있어요. 첫째, '왜?'를 꼭 다섯번만 질문해야 하는 것은 아니다. 둘째, '왜?' 이외에 원인의 본질을 찾을 수 있는 다른 질문도 가능하다. 셋째, '왜?'의 질문은 바로 전 문장에서 시작해야 한다는 것이죠."

"그렇게 하면 되겠군요. 그런데 문제 해결을 하는 다음 단계인 '목표설정'은 혹시 잘못된 것 아닌가요? 그런 단계를 본 적이 없었어요."

"6단계의 목표설정은 대단히 중요해요. 왜냐하면 문제란 목표와 현상과의 차이인데, 이때 우리가 도달해야 하는 목표가 설정되어야 문제 해결이 가능하단 이야기이지요."

"그렇군요. 그럼 목표는 어떻게 설정해야 하나요?"

"첫째, 문제나 원인을 자세히 살펴보면 모두 부정적 단어로 기술되는 경우가 대부분이잖아요. 그런 경우 아이디어를 많이 내기 위해서는 그 부분이 긍정문으로 바뀌어야 해요. 둘째, 문장이 복문으로 형성되면 안 돼요. 예를 들면 '가 그리고 나'의 문장은 각각 분리해서 중요한 것을 목표로 세우고 만일 둘 다 중요하다면 '가'와 '나'를 중심으로 각각의 다른 목표를 설정해야 해요. 셋째, 목표 기술 문장에 원인 암시 혹은 해결책 암시의 문장이 들어가면 안 돼요. 만일 이런 문장을 쓰면 해결책 도출 시 어려움을 겪게 돼요. 목표 기술하는 법은 앞에서 설명한 '아이디어 한 방향정렬 — 동사형 과제'를 참고하면 될 거예요."

"예 잘 알겠습니다. 6단계까지 다 설명하신 건가요? 그런데 이 프로세스는 업종에 관계없이 적용 가능한가요?"

"아닙니다. 다를 수밖에 없어요."

3) 문제 해결 프로세스의 차이

"지금까지 설명한 문제 해결 프로세스는 제조업에 맞는 프로세스지요. 그런데 요즘 제조기업을 보면서 '제조업 문제 해결 프로세스'가 적용될 수 있는 제조업이 많을까? 하는 의문을 갖게 되었어요."

"지금껏 설명하시고 무슨 말씀을 하시는 거예요?"

"실은 서비스업의 프로세스는 달라야 한다는 이야기와 전통적 의미의 제조업과 현대의 제조업을 같은 의미로 볼 수 있을까? 하는 의문이 생긴다는 이야기예요."

"그럼 고민하시는 게 2가지네요. 첫째는 서비스업 프로세스는 다르다. 둘째, 현 제조업은 과연 제조업 문제 해결 프로세스가 적용되기에 적합한 제조업일까?"

"맞아요. 이제 K과장도 하산할 날이 가까워 오는군요."

"선생님, 그런 말씀하지 마세요. 아직 제가 배우고 싶어하던 창의성 스킬은 시작도 하지 않았는데요."

"참 그렇군요. 우리나라의 서비스업 현황 그림을 보시지요."

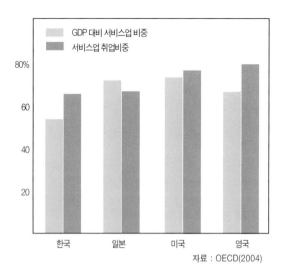

자료 : OECD(2004)

그림19. 2002년도 주요국가의 GDP 대비 서비스업 비중

그림19처럼 OECD 통계에 의하면 주요 국가 서비스업 비중이 한국 52.1퍼센트, 미국 70.9퍼센트, 일본 70.2퍼센트이고, 서비스업 취업비중이 한국 63.3퍼센트, 미국 78.8퍼센트, 일본 64.7퍼센트라는 통계가 나왔어요(한국, 영국 : 2002년 기준. 미국, 일본 : 2001년 기준). 또 앞으로 우리나라의 서비스업의 비율이 75퍼센트를 넘을 것이라고 예상하고 있지요. 그런데 서비스업의 특징이 사람과 사람의 만남이에요. 사람들 관계에서 원인을 찾는다는 것은 불가능하지요. 그래서 내 생각에는 서비스업 프로세스에는 '4단계 : 원인분석, 5단계 : 핵심원인 찾기'가 없어져야 한다는 생각을 해요. 두번째 고민은 현재 제조업이 과거의 제조업과 성격이 같은가 하는 문제로 과거의 제조업은 원인을 찾아서 정확하게 원인이 나올 수 있는 '기계'를 주대상으로 하는

데 반해서, 앞으로 제조업(물론 광업, 수산업 등도 포함)이 차지할 비율인 25퍼센트 내에서 조직구성원과 관련된 사람요소를 제외하고, 순수 기계만의 문제 원인을 찾는 것은 5퍼센트 미만일 듯해요. 그리고 만일 기계에 대한 문제의 원인을 찾는 것은, 엔진소리만 듣고도 '어디가 고장'이라고 말하는 전문가들은 쉽게 찾을 수 있기 때문에 일반인들은 원인분석에 대해 고민하지 않아도 된다는 이야기지요. 이렇게 생각해보면 4단계, 5단계는 이제 불필요한 단계가 될지 몰라요."

"선생님께서 너무 극단적인 가정을 하시는 것이 아닌가요?"

"극단적이라고요? 그렇게 생각할 수도 있죠. 하지만 이런 생각은 오래 전부터 해왔어요. '원인분석은 불필요한데 이것을 꼭 배워야 하나?' 이런 생각…."

"말씀하시는 그런 비율의 날이 올지 안 올지는 모르겠지만 서비스업의 원인 찾기가 힘들다는 건 무슨 뜻이죠?"

"K과장, 회사문제라고 생각해봅시다. 어떤 문제를 놓고 '원인이 무엇입니까?'라고 임원, 팀장, 팀원, 수위아저씨 등 여러 사람에게 물어봐요. 모두 자기 입장에서 원인을 분석하기 때문에 일치되는 경우가 없어요. 이때 대부분은 사장이 말하는 원인이 원인이라고 생각하는 경향이 있지만 그게 맞는다는 보장은 없죠. 보장 없는 원인을 해결한다는 것은 일종의 모험입니다. 내가 어느 책에서 본 원인 찾기의 어려움에 대한 이야기를 해볼까요? 다섯 명의 생물학자가 연못가에 모였어요. 그들은 개구리 한 마리가 뱀을 피해 연못으로 뛰어드는 모습을 보고 나서 개구리가 연못에 뛰어든 원인이 무엇인지 설명하기 시작했답니다.

생리학자는 개구리 뇌의 신경에 의한 다리근육의 수축 때문이라고 주장했어요.

동물행태학자는 개구리가 뱀을 피하려 하기 때문이라고 주장했어요.

발생동물학자는 개구리 뇌의 근육이 '형성된 방식' 때문에 위험이 다가오면 개구리가 뛰게 된다고 주장했어요.

진화생물학자는 뱀으로부터 탈출할 수 있는 능력을 가진 개구리가 오랜 시간에 걸쳐 적응한 결과라고 주장했어요.

분자생물학자는 기분 좋게 웃으며 네 사람 모두 틀렸다 말하고, 개구리 근육의 생화학적 속성 때문에 뛰는 것이라고 주장했답니다.

이 말을 듣고 다섯 명의 컨설턴트가 개구리 논쟁을 시작했지요.

조직심리학자는 뱀이 개구리에게 영향력을 행사해서 개구리를 뛰게 만든다고 했지요.

리엔진니어링 전문가는 개구리가 뱀이 가까이 올 때까지 기다려야 할 필요가 있는지에 대해 의구심을 표시했어요.

변화관리 컨설턴트는 개구리가 일반적인 변화곡선에 따르고 있을 뿐이라고 이야기하며 변화곡선에 따르면, 상황이 좋아지기 직전에 나빠지는 경향을 보인다고 했지요.

보건 및 안전전문가는 개구리가 뱀 방어 보호장구를 착용하지 않았기 때문에 뛰어야 하는 것이라고 했어요.

조직문화 전문가는 개구리는 단지 문화적 규범에 따르고 있을 뿐이라고 했습니다.

K과장은 어느 사람 말이 맞는 것 같나요?"

"글쎄, 저는 모르겠는데요. 모두 자기 입장에서 원인을 분석하니…."

"이렇듯 원인분석이 어렵다는 이야기입니다."

"그런데 기계는 달라요. 만일 당신 컴퓨터가 고장났다 가정하고 컴퓨터 수리점 10곳을 들러 고장 증상을 이야기해봐요. 적어도 7~8곳, 아니면 10곳 모두에서 같은 원인을 지적할 겁니다."

"정말 그렇군요. 그렸다면 서비스업의 문제 해결은 어떻게 해야 하죠?"

[강의 노트- 서비스업 문제 해결 프로세스]

1단계: 문제제기 ➡ 2단계: 문제분류 ➡ 3단계: 우선 순위 결정 ➡ 4단계: 목표설정 ➡ 5단계: 해결안 도출 ➡ 6단계: 해결안 평가 및 수정 ➡ 7단계: 실행 계획 작성 ➡ 8단계: 실행 ➡ 9단계: 피드백 미팅

"위 강의 노트에서 보는 것처럼 제조업 프로세스 중에 4, 5단계를 제외하고 진행하는 것도 방법이지요. 이 방법은 원인 찾기 어려움을 극복함은 물론 어렵게 원인을 찾았어도 그것을 해결하는 일대일 처방식 방법에서 벗어나 그 원인 이상의 좋은 아이디어를 함께 얻을 수 있는 장점이 있지요."

"그게 무슨 뜻이죠?"

"실제로 원인을 찾아 아이디어를 내면 목표가 구체화되어 범위가 제한되기에 아이디어 수가 적어지지요. 하지만 목표가 추상화될수

록 아이디어 수가 많아져 기대하지 않았던 좋은 아이디어를 얻을 기회가 생기지요."

"아! 목표 기술을 어떻게 하느냐, 즉 구체적·추상적 정도에 따라 아이디어 수가 결정되는군요. 새로운 사실을 알았어요. 또 다른 해결 방법은 없나요?"

"또 새로운 방법이 있는데 그것은 창의성 스킬 시간에 배울 '소원법'을 통해 해결하면 됩니다. 그리고 한 가지 주목해야 할 사실은 최근 유행하는 산업교육 프로그램 중에서 '코칭'이라는 과목의 프로세스가 대표적인 서비스업의 문제 해결 프로세스예요. 모든 코칭 프로그램의 단계에는 원인분석 단계가 없어요. 그 프로그램의 특징은 과거를 무시하고 진행합니다."

"그럼 서비스 문제 해결 프로세스에서는 항상 원인분석이 필요 없다는 말씀인가요?"

"그렇다고 할 수 있지요. 그러나 꼭 필요한 경우는 처벌을 위한 책임소재 파악의 경우지요."

"그럼 4단계가 불필요하면 5단계는 당연히 필요 없는 단계겠군요?"

"4단계가 불필요해서 5단계가 불필요한 경우도 있겠지만, 4단계에서 정확하게 원인을 찾아도 5단계에서 핵심원인을 찾는 게 불가능해요. '왜?'를 다섯 번 물으면 알 수 있다고 하지만 신(神)이 아닌 이상 정말 핵심원인을 찾는다는 건 불가능하지요. 그래서 최근엔 다섯 번 물음에서 어느 하나를 선택하여 '이것이 핵심원인'이라고 말하지 않고 다섯 번 물음 모두를 목표 또는 과제로 설정해놓고 해결안 도출을 실시하지요."

"그렇게 하면 되겠네요."

"선생님, 처음에 시작할 때 고민이 있으시다고 하셨는데 이제 문제 해결에 관한 평소 고민을 다 말씀하셨나요?"

"아니 또 있어요."

"이번에는 그 말씀을 해보시지요?"

"그래요. 해봅시다."

4) 문제 해결의 고민

"먼저 제가 충격 받은 이야기부터 시작하지요. 1997년에 제가 '변화관리 컨설턴트 과정'을 NTL(National Training Laboratory) 교수진으로부터 받았는데 그 중 한 과목이 카터(John D. Carter) 교수가 담당했던 '장점탐구(Appreciative Inquiry)'였어요. 그런데 이런 이야기를 하는 겁니다."

"무슨 이야기요?"

"세상에 많은 개인이나 조직은 문제를 해결하려고 시도함으로써 불행이 시작된다. 지금까지 생존해 있는 사람이나 조직은 단점(문제)보다 장점이 많아 생존하거늘 그것을 인식하지 못하고 단점을 해결하겠다고 파헤치면서 망하기 시작한다고. 덧붙여 이런 예를 들더군요. 장점이 95퍼센트, 단점이 5퍼센트인 기업이 있다고 가정하면 지금껏 살아오는데는 95퍼센트의 힘으로 살아왔는데 대부분의 사람들은 그것을 모르고 5퍼센트의 단점을 없애려고 노력하다가 5퍼센트가 6퍼센트, 7퍼센트, 8퍼센트… 이렇게 단점을 전염시켜

망하게 된다고. 따라서 그것보다는 95퍼센트를 96퍼센트, 97퍼센트… 이렇게 장점을 개발하면 단점은 5퍼센트, 4퍼센트, 3퍼센트… 로 줄어드는데, 이 방법이 성공의 지름길이라는 겁니다. 저는 이 말에 큰 충격을 받았어요. 그 시절 문제 해결 진행자로 이곳 저곳을 다니던 때라 더욱 그랬지요."

"그 시절엔 그것 때문에 고민이었겠지만 지금은 무슨 고민이 있나요?"

"K과장, 지금 우리나라에서 유행하는 '6시그마 경영'이 장점탐구, 문제 해결, 어디에 해당될까요?"

"6시그마는 불량을 줄이는 거니까 문제 해결이죠."

"어느 기업이든지 불량률 줄이는 것과 신제품을 개발하는 것이 있다면 대부분은 하나를 선택하게 됩니다. 선택과 집중의 원칙을 살려야 되거든요. 그런데 우리나라는 별 생각 없이, 아니 다른 기업이 하니까 '6시그마'를 선택하는 것 같아 안타까워요."

P선생은 한숨을 쉬고 말을 계속했다.

"2001년 당시 서울의 어느 대학에서 학술대회가 있었어요. 그때 6시그마 성공기업의 발표회가 있었지요. 결론은 6시그마를 통해 비용 2억 원을 절감했다고 발표했지요. 그런데 문제는 그 다음에 생겼어요. 교수들의 질문이 쏟아지는 겁니다. 여러 질문 중 지금도 기억에 남는 질문은 비용 2억을 절감하기 위해 들인 비용이 얼마냐는 거였어요. 얼마겠어요?"

"모르겠어요."

"비용이 200억 원 들었대요. 그리고 또 질문이 이어졌어요. '최근까지 다른 경영기법을 사용하다 '6시그마' 로 변경하였는데, 지금 그 기법은 언제 바꿀 예정이냐? 고 물으니 다음 기법이 나오기 전까지라고 대답하더라고요. 우리나라에서 경영기법을 활용하는 현실을 이야기하고 있어요. 2003년도에 제가 TV에서 창의력에 대한 강의를 하였는데, 이 강의가 방영되고 난 직후 TV에서 저를 보았다고 어떤 회사에서 전화가 왔어요. 만났으면 좋겠다 하더군요. 만나서 말을 들어보니 자기 회사는 최근까지 TQM으로 대상까지 받았는데 변화된 것은 없고 상을 받기 위한 TQM 관련 서류만 캐비닛 안에 가득하답니다. 그런데 또 위에서 6시그마 도입을 위한 검토 지시가 내려왔대요. 그래서 고민이라는 거예요."

"설마요…."

"설마가 아니고 우리나라에 도입되는 '팀제' '다운사이징' '벤치마킹' '6시그마' 등이 이런 방식으로 도입되기 때문에 직원들은 '또 들여오네' 라고 생각하며, 조금 지나면 또 바뀐다 생각하기 때문에 실패하지요. 작년에 신문에 난 6시그마 관련 기사를 보기로 하지요."

"6시그마 경영 한물갔다"

기업혁신의 바이블로 통하는 '6시그마' 경영이 '이제는 한물갔다' 는 지적이 6시그마의 본고장인 미국에서 일고 있다.

비용절감과 생산성향상을 통해 100만 개의 제품 중 불량률을 3. 4개 이내로 줄이자는 6시그마 경영은 지난 84년 모토롤라에 의해 처음 도입됐다. 이후 20년이 지난 지금까지도 GE, 다우케미칼 등 많은 굴지의 기업들이 6시그마 경영을 신념처럼 지키고 있다. 그러나 미국의 경영전문가들 사이에 신제품이 불과 몇 달만에 구식이 되는 현재의 경영환경에서 6시그마 경영만으로는 성공을 장담하기 어렵다는 목소리가 커지고 있다. GE가 6시그마 도입에 일조했던 경영컨설턴트인 제이 데사이는 "6시그마 경영이 언제까지나 어제의 명성을 유지하지는 못할 것"이라며 "6시그마는 신제품을 도입하거나 경영난국을 돌파하려는 기업에는 적합하지 않은 방식"이라고 말했다. 그는 예를 들어 "수백억 달러의 적자에서 벗어나 재기를 노리는 루슨트 테크놀로지처럼 획기적인 경영전략변화가 필요한 기업이 6시그마를 채택했다면 아마 망했을지도 모른다"고 설명했다.

(서울경제 2004년 5월18일)

"이 신문기사를 보니 무슨 생각이 드나요?"

"업종별로 신중을 기해 6시그마를 실시해야겠다는 생각이 드는데요?"

"우리나라 기업중에는 6시그마 경영을 하지 않는 편이 더 낫다고 생각되는 회사들이 많이 있어요. 특히 위에서 지적한 것처럼 몇 달만에 구식이 되는 전자회사를 비롯한 많은 회사가 경영전략을 잘못 수립한 게 아닌가 하는 생각을 하게 되지요."

"그래도 '6시그마로 100억 원가 절감' 과 같은 신문기사를 많이 봤는데요?"

"이런 생각도 해봤어요. 만일 신제품개발 등 다른 경영전략을 실행했다면 100억 원가 절감이 아닌 1,000억의 이익이 생겼을지 모른다는 사실을!"

"그러면 선생님은 우리나라에서는 '6시그마' 를 들이면 안 된다는 말씀인가요?"

"안 된다는 이야기가 아니라 내 생각에는 냉철한 판단이 선행되어야 한다는 이야기지요."

"선생님이 생각하시는 '6시그마의 성공기업'의 판단기준은 무엇인가요?"

"내가 상식선에서 생각하는 '6시그마' 성공 기업의 조건은 첫째, 세계 초일류 기업으로 경쟁자가 없을 것. 둘째, 장치사업으로 제품이 쉽게 변하지 않는 기업이라고 생각해요."

"제품 변화는 앞의 신문에서 읽어 이해하겠는데, 세계 초일류 기업에서의 6시그마란 무슨 의미인가요?"

"6시그마는 초일류 기업으로 자기의 위치를 공고히 하기 위해 필요한 전략이지요."

"그럼, 일류 기업이 되기 위해서는 품질을 무시해도 된다는 뜻인가요?"

"그런 의미보다는 이미 시장에서 고객의 구매에 의해 생존해 있다는 것은 품질은 기본적으로 인정받고 있다는 증거이므로 6시그마를 통한 품질을 관리하는 것보다는 다른 전략에 우선 순위를 두는 것이 효과가 높을 가망성이 있다는 의미지요."

"그런데 혹시 선생님만 그렇게 생각하고 계신 것 아닌가요?"

"나만의 생각은 아니에요. 피터 드러커, 톰 피터스도 나와 같은 생각을 합니다. 피터스의 경우 품질, 6시그마, 카이젠 등으로 절대 일류기업이 될 수 없다고 하면서 최근 일본이 10년 넘게 허우적대고 있는데, 이는 1960년부터 1980년대까지 품질로 일본의 산업혁명이라는 썩어가는 사과의 마지막 맛을 보았기 때문이라고 독설을 내뿜지요."

"그럼 피터 드러커는 어떻게 이야기하는데요?"

"드러커는 내가 하고 싶은 이야기를 대신해주고 있지요. 그는 문제 해결보다는 새로운 기회를 찾을 것을 강조하지요. 그 이유를 첫째, 요즘처럼 급변하는 시대에 '어제'의 원리 원칙과 이미 발생한 일에 중심을 두고 문제를 해결하는 것 자체가 무의미하다. 둘째, 초등학교시절부터 정답과 오답을 골라내는 교육을 받아왔기 때문에 비즈니스맨들은 언제나 문제 해결만을 생각하여 정해진 해답만을 얻으려는 경향이 강하다. 셋째, 문제에만 집착하는 이유는 인간이나 조직의 약점만을 보는 병리적인 사고방식에 중독된 결과로 거기에서 벗어나야 하기 때문이다. 인간이나 조직의 약점 혹은 자신 없는 부분에만 집착할 경우에는 아무 것도 할 수 없다. 강점, 자신 있는 부분에 닻을 달고 충분한 영양을 공급하는 것이 훨씬 더 바람직하다고 말하지요."

"아! 참 중요한 이야기를 피커 드러커 박사가 했네요. 역시 대단한 통찰력을 갖고 있네요. 그리고 선생님, 지금껏 조직 말씀만 하셨는데, 저와 같은 개인은 어떻게 해야 하나요?"

"피터 드러커와 마찬가지로 나도 개인 역시 자신의 강점에 초점을 맞춰 경쟁력을 길러야 한다고 생각해요. 예를 들어 A라는 사람이 학창시절에 영어는 잘하고 수학은 잘 못했다고 합시다. 평균점수를 올리기 위해서는 수학을 열심히 하는게 좋은 전략이겠지요. 하지만 사회에 나와서는 수학보다는 영어를 활용해서 경쟁력을 갖는 것이 중요하다고 생각해요. 그러니까 K과장도 현재 자신이 잘하는 것과 예전에 잘 내던 아이디어를 앞으로 배울 '창의성 스킬편'을 통해 더욱 강화한다면 일과 아이디어의 시너지효과로 회사 내에서 K과장

만의 탁월한 경쟁력이 생길 거예요."

밤하늘의 별은 빛나고 있었다.
내일이 기다려진다.

2부

창의성 스킬편

| 수요일 강의 |

아침부터 서둘러 P선생님 사무실을 찾았다. 어제까지 한 공부에서 창의성에 관한 여러 생각을 가질 수 있었지만 오늘부터는 너무나 공부하고 싶고 나의 경쟁력을 키워줄 '창의성 스킬' 학습이어서 더욱 기대가 된다.

"선생님 안녕하세요?"

"어서 오세요. K과장, 무슨 좋은 일 있으세요?"

"오늘부터 공부할 부분이 기대되어서요. 질문이 있는데요? 제가 어제 전철 안에서 집으로 가다가 친구를 만나 지금 내가 창의성을 공부하고 있는 중이라고 했더니, 그 친구가 창의성은 타고 나는 것이고 배워서 되는 게 아니라고 하던데, 어떻게 생각하세요?"

"그거요, 창의력 교육시간에 공부하기 싫은 사람들이 꼭 물어오는 질문이에요. 창의성을 연구하는 많은 학자들은 창의성은 스킬을 통하여 배울 수 있으며, 마치 테니스를 치거나 자전거를 타는 것과 같다고 말해요. 테니스를 예로 들어보면 포(백)핸드 스트로크, 서브, 발리 등의 자세와 스킬을 배워야만 그것을 제대로 칠 수 있으며, 그 중에서 타고난 사람은 이형택처럼 전문적인 선수가 되고, 그렇지 않은 사람은 취미나 건강을 위하여 테니스를 칠 수 있어요. 그러나 중요한 것은 선수이건 아니건 모두 테니스를 칠 수 있다는 사실입니다.

결국 창의성 스킬은 후천적으로 배워 활용하면 된다는 것이지요."

"그렇군요!"

1. 창의성 스킬의 영역

"선생님 앞에서부터 계속 '스킬'을 말씀하셨는데, '스킬'이란 무엇인가요?"

"앞에서 스킬이란 이야기는 많이 했으면서도 스킬이 무엇인지에 대한 이야기는 안 했군요.

스킬의 전통적 의미는 본래 기술이나 지식이라고 이야기하기는 어렵지만, 분명히 생산성에 영향을 주는 개인적인 기능을 스킬이라고 해요. 그러나 최근에는 개념이 확대되어 개인적인 모든 역량을 스킬이라고 포괄적으로 정의하죠."

"그럼 제가 오늘부터 배울 것도 나의 역량이 될 거니까 '스킬'이 맞네요."

"그래요. '창의성 스킬.'"

"그렇다면 창의성 스킬은 어느 곳에 존재하는지 궁금해요."

"K과장, 앞에서 배운 뇌에 관한 사항 기억해요?"

"예, 좌뇌, 우뇌가 있는데 뇌량으로 연결되어 있다. 또…"

"그만, 그만, 기억하고 있군요. 그런데 이번에도 뇌 이야기인데, 뇌가 정보를 인식하는 방법에 관해 이야기할 겁니다."

"인식?"

"그래요. 우리의 뇌는 2가지 작용을 해요. 1차 작용은 인식

(perception) 작용, 2차 작용은 처리(processing) 작용이지요. 예를 들면 K과장이 해외여행을 간다고 가정하면 그곳까지 가는 방법, 숙박, 식사 등의 정보를 찾아 '인식'하고 난 뒤, 인식을 토대로 논리적으로 따라가는 행위가 여행이죠. 즉 인식하고 난 뒤 처리 과정을 거치는 거죠. 이때 창의성은 인식작용과 관련이 있어요. 처음 들어오는 정보를 어떻게 인식하느냐는 문제."

"어떻게 인식하는데요?"

"뇌가 처음 정보를 인식하는 방법은 감각기관을 통해 들어오는 모든 정보를 받아들이고, 들어온 정보는 뇌의 신경망에 유입되어 일정한 패턴을 만들어내며, 일단 패턴이 형성되면 감각되는 모든 유사 정보들은 자동으로 분류되어 이미 형성된 패턴으로 접어들고 따라가게 되지요.

"선생님 너무 어렵네요. 쉽게 설명해주세요."

"이 패턴의 형성방법은 이미 앞에서 설명한 적이 있어요."

"어디서요?"

"창의성과 유머 부분에서요. 그럼 패턴형성 과정을 예를 들어 쉽게 설명하지요."

"그렇게 해주세요."

"K과장이 높이 100미터의 산을 만들었다고 가정을 해봅시다. 그런데 며칠 뒤에 비가 왔어요.

산이 어떻게 되었을까요?"

"100미터면 무너지지는 않았겠고 비가 흘러내려 갔겠죠."

"그럼 그 산에 물이 내려간 흔적이 있을까요? 없을까요?"

"당연히 있죠."

"다음에 비가 오면 어떻게 될까요?"

"먼저 만들어진 흔적을 따라 흐르겠죠."

"바로 그겁니다. 그게 패턴형성 방법이에요."

"이렇게 설명해주시니까 쉽네요."

"바로 이런 현상이 두뇌의 능동적인 행위인 자기조직화 정보시스템(Self Organizing Information System)이라 부르는 것이죠. 아래 그림을 봅시다."

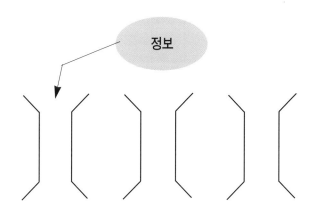

그림1. 자기조직화 정보시스템

"이런 행위는 뇌의 '능동적 행위'로 인간의 뇌만이 가능하며, 수동적 행위를 하는 컴퓨터와의 차이를 갖게 하는, 인간에게만 부여된 '독특한 힘'으로써 창의성의 원천입니다."

"그렇군요. 참 신기하네요."

"이와 같은 방법으로 우리는 각종 정보를 모으는데 이것을 경험 (지식)이라 부르지요."

"경험이 이렇게 형성되는군요."

"그래요. 아래 그림을 봐요."

모험이란 영역의 탐파소

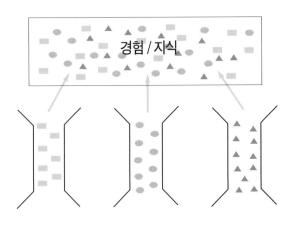

그림2. 경험 / 지식 형성방법

"나는 '창의성 스킬' 은 이 경험의 틀 안에 존재한다고 생각해요."

"경험 속에요?"

"그렇죠. 나는 경험 내에 담긴 각종 정보들을 모아 새롭게 조직화 해서 아이디어를 만들어내는 것을 '경험 내 창의성 스킬' 이라 부르 며 이 영역을 'A영역' 이라고 불러요."

"A영역… 그러면 경험 내에서 아이디어를 어떻게 만들어내죠?"

"뇌가 a라는 경험을 했을 경우 아이디어를 낼 때 a라고 내면 '고 정관념' 이 많다 이야기하고, a를 해체하고, 조합하고, 다시 맞추어 새롭게 조직화하여 b라고 내면 '창의성'이 있다고 이야기하지요."

"그러면 고정관념은 나쁜 것, 창의성은 좋은 것인가요?"

"그렇지 않습니다. 고정관념도 좋은 거예요. 고정관념은 우리에게 많은 도움을 줍니다. 그것이 우리의 생활을 편리하게 함은 물론 역사를 발전시키지요."

"편리하게 한다고요?"

"네. 예를 들면 프로야구 감독이 시합 전 1번 타자로 누구를 세울까 생각할 때 감독의 고정관념 속에는 '1번은 M을 내보내면 잘 친다'고 생각하고, 그 선수를 내보내지요. 물론 삼진아웃 되어 감독의 고정관념을 깨는 경우도 있지만, 만일 오늘 누구를 1번 타자로 내보낼까 생각하고 그날 출전할 9명의 선수들의 순서를 정하는 방법이 9!(＝362,880)이지요. 감독이 이런 행동을 하면 야구를 할 수 있겠어요? 그냥 감독의 고정관념대로 하는 거지요."

"그런데 왜 사람들은 고정관념을 깨라는 이야기를 자주 하죠?"

"그건 고정관념을 깨야 하는 경우에도 깨지 못하기 때문에 과장해서 하는 말이죠."

"그럼, 선생님은 고정관념을 안 깨도 된다는 말씀인가요?"

"만일 깨는 것과 안 깨는 것의 양자택일이라면 나는 안 깨는 쪽을 택해요."

"정말요?"

"고정관념을 깬다고 서울시내 한복판에서 빨간 신호등에도 길을 건너는 행위 같은 것은 자살행위라고요. 나는 우리가 살아가면서 고정관념으로 살아가는 경우가 99.9퍼센트이고, 깨야 할 경우가 0.1

퍼센트 정도일 거라고 봐요. 0.1퍼센트의 경우에는 창의성 관련 책들이 유용하게 사용될 수 있겠죠."

"참 재미있는 이야기네요. 그러면 경험 속의 창의성 이야기를 해주세요."

"지금은 고인이 된 정주영 명예회장의 경우 1952년에 부산의 유엔군 묘지에 보리를 심고 잔디라고 한 적이 있어요. 이 경우 보리(a)가 잔디(b)로 변했죠. 또 임권택 영화감독의 경우 일반적으로 전해 내려오는 춘향전(a)에다가 본인이 만든 영화 서편제(b)를 결합해서 영화 춘향뎐(c)을 만들었어요. 아래그림을 보세요."

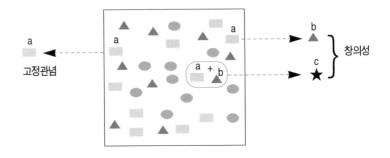

그림3. 경험 속에서 아이디어를 내는 경우

"그림 3처럼 a가 a되는 것이 아니고 b나 혹은 c가 되는 것을 창의성이라고 하고, 이때 창의성 스킬의 역할은 a를 b나 c가 될 수 있도록 만드는 것을 의미하지요."

"스킬을 통해서요?"

"그렇지요."

"그러면 A영역에 관련된 '창의성 스킬'은 어느 것이 있나요?"

"우리가 공부할 것은 브레인스토밍, 조합법, SCAMPER가 있어요."

"알겠습니다. 잘 배우겠습니다."

"그런데 세상을 놀라게 하는 새로운 제품이나 아이디어들은 아쉽게도 경험 내에서보다는 경험 외를 통해 얻어지는 경우도 많아요."

"그럼 '경험 외 창의성 스킬'도 있다는 이야기인가요."

"그렇죠. 경험을 벗어나야 하는 거지요."

"그러면 어떻게 벗어나야 하는데요?"

"우리가 경험의 틀을 벗어난 경우를 과거의 자료를 검토해보면 ① 천재들의 광기, ② 준비된 우연, ③ 실수의 경우를 통해서만 가능했지요. 아래 그림을 보세요."

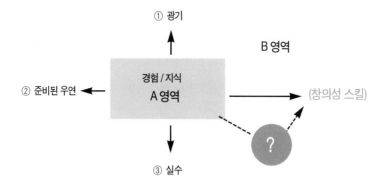

그림4. 창의성 스킬이 존재하는 영역

*출처: 에드워드 드보노의 모델수정, Edward de Bono(1992), Serious Creativity, Advanced Practical Thinking Training , Inc.

"3가지 경우요?"

"그래요."

"그럼 설명 좀 해주시지요."

"K과장, 혹시 영화 좋아해요?"

"가끔씩 보러갑니다."

"그러면 '뷰티풀 마인드(Beautiful Mind)'란 영화 봤어요?"

"봤지요. 러셀 크로가 주인공이었지요."

"그렇지요. 내쉬(Nash)가 '균형이론'을 만들어내고 나서 1994
년도 노벨경제학상을 받는 과정을 그린 영화예요. 우리들이 보통 알
고 있는 천재는 창의적 인물이며 영화에서처럼 광인들이죠.

그들은 흔히 예사롭지 않은 행동을 하고, 동시대인들과 구별되는
신기한 존재이죠. 자신이 천재가 되고자 하는 사람들은 어떤 댓가를
치르더라도 존재의 수단으로써 창의성을 추구하게 되고, ① 의 경우
이런 천재들의 광기로 경험을 탈출하여 경험 외에서 창의성을 발휘
했던 사람들이 바로 우리가 흔히 알고 있는 천재들입니다."

"그럼 모든 천재들은 광인처럼 행동하나요?"

"물론 머리와 몸 속에서는 광기가 넘치겠지만 겉으로는 잘 표현
하지 않는 조용한 천재도 있어요."

"그렇겠죠. 사람마다 다를 테니까요. 우리는 이런 분들을 고마워
해야겠네요."

"맞아요. 오늘날 우리가 이렇게 살 수 있는 것도 그분들의 덕분이
니까."

"그럼 준비된 우연의 경우는 어떤 경우죠?"

"그림에서 ② 의 준비된 우연의 경우란 세상의 모든 아이디어는 기본적으로 준비를 좋아한다는 가정에서 출발하지요."

"그게 무슨 말씀이세요?"

"아이디어는 본래 하늘에서 뚝 떨어지는 게 아니라 준비를 많이 해야 된다는 이야기지요.

아이디어를 얻기 위해 오랜 기간 준비를 해도 나오라는 아이디어는 안 나오고 시간만 흐르는 경우가 많은데, 이때 사람들의 머릿속은 불만이 가득 찬 상태로 변해요. 이 경우 불만이 잘 승화되면 아이디어와 연결 가능한 단초를 제공하곤 해요. 이때 단초 제공은 '꿈'과 '현실'을 통해 나타나는데, 나는 이것은 아이디어를 준비하는 사람에게 무의식이 주는 선물이라고 생각합니다."

"그러면 꿈에서 영감을 얻은 경우는 어떤 경우인가요?"

"꿈 속에서 영감을 얻는 경우를 우리는 주사야몽(畫思夜夢)이라 하며 꿈 속에서 영감을 얻어 창작된 발명품 중 기록으로 남아 있는 것 중 세계 최초는 조선시대 철갑선인 거북선입니다. 그 외 1965년 5월에 만들어진 폴 매카트니의 〈예스터데이(Yesterday)〉, 엘윈 브룩스화이트가 쓴 동화 『스튜어트 리틀』 등 많이 있어요."

"나는 꿈 속에서 무언가를 보면 재수없어 했는데 어떤 사람들은 그것을 통해 발명을 하네요."

"그건 조금 전 이야기처럼 그 아이디어에 관한 준비를 많이 하지 않았기 때문이지요. 아이디어는 준비를 좋아한다고."

"현실에서는 어떤가요?"

"현실에서 준비된 우연을 통해 아이디어를 냈던 사람은 기원전 3

세기에 활약했던 아르키메데스(Archimedes)입니다. 그는 유레카(Euraka)의 현상을 발견했고 최초의 스트리커(Streaker)였어요. 히에론 왕의 명령에 따라 왕관의 순금 여부를 확인하는 방법을 고민하다가 우연히 목욕탕 욕조에서 물이 넘치는 것을 보게 되었죠. 그 후 물을 가득 채운 용기에 왕관을 넣고 넘쳐나는 물의 양을 측정하면, 그것이 왕관의 체적과 같을 것이라고 생각했지요. 이것은 아이디어를 내기 전에 집중적으로 그것에 관한 생각을 하고, 우연히 무언가를 보고 그것에서 아이디어를 얻어 창의성이 발휘된 경우입니다. 현재 아이디어를 잘 내는 대다수는 이 방법에 의존하여 창의성을 발휘해요. 그러나 이 방법은 오랜 시간이 소비되고, 또 오랜 시간이 흐른 뒤에도 아이디어가 나온다는 보장을 할 수 없는 단점을 지니고 있어요."

"그런 단점이 있네요. 그러면 실수에 관한 이야기를 해주세요."

"실수의 경우는 긴치마를 만들다가 실수로 만든 미니스커트, 잘 붙지 않는 풀을 응용하여 만든 3M의 포스트잇, 혈압 강하제를 만들다가 잘못 만들어진 비아그라, 실수로 분자 크기 측정법을 발견하여 노벨상을 받은 일본의 다나카 고이치 등이 있어요."

"우리 회사는 실수하면 잘리는데…."

"그래요? 하지만 모든 회사가 그렇지는 않아요. 많은 회사들은 실수를 하고 그것을 숨기거나 방치하지 않고, 그것을 통해 무언가를 배운다면 실수도 장려하지요."

"아이고 부러워라. 그런데 우리도 지금까지 말한 3가지 유형으로 아이디어를 내야 한다는 말인가요?"

"아니죠. 최근에는 의도적으로 창의성 스킬을 이용하여 앞에 소개한 3가지 경우와 같은 효과를 얻을 수 있도록 경험 외로의 탈출을 유도하고 있어요."

"그게 가능한가요?"

"가능하죠."

"경험 외에서 아이디어를 내는 '경험 외 창의성 스킬' 은 어떤 것이 있나요?"

"저는 경험 외의 영역을 B영역이라고 부르지요. 창의성 B영역 스킬에는 강제연결법, 소원법, 역전법이 있어요."

"선생님, 그러면 A영역과 B영역의 '창의성 스킬' 의 특징은 무엇인가요?"

"A영역 스킬의 특징은 첫째, 머리에서 바로 아이디어 내는 방법, 둘째, '고정된 징검다리' 를 통해 아이디어를 내는 것이고, B영역 스킬의 특징은 '움직이는 징검다리' 를 사용하지요."

"그러면 A, B의 방법으로 이 세상에 나와 있는 창의성 스킬의 분류가 가능한가요?"

"이 세상에는 약 300가지의 창의성 스킬이 존재하는데 제 생각에는 80~90퍼센트가 가능해요."

"나머지는?"

"나머지는 목소리, 몸, 그림 등으로 분류가 불가능한 경우도 있어요."

"이 분류법은 누가 만들었어요?"

"제가요…."

"정말이에요?"

"이미 얘기했잖아요. 10년이 지나면 전문가가 된다고. 10년간 창의성 스킬을 어떻게 분류하면 쉽게 할 수 있을까 고민하다가 만든 거니까 사용해보세요. 창의성 스킬이 새롭게 보일 거예요."

"선생님 고맙습니다."

"자, 이제 본격적으로 창의성 스킬 공부를 합시다. 강의 노트를 보시지요."

[강의 노트 – 창의성 스킬]

A영역 스킬

1) 브레인스토밍

2) 조합법

3) SCAMPER

B영역 스킬

1) 강제 연결법

2) 소원법

3) 역전법

"그럼 A영역 스킬부터 시작해봐요."

"예, 알겠습니다."

2. A 영역 스킬

"A영역 스킬의 선두주자는 브레인스토밍인데, 이와 관련하여 몇 가지 더 배우려고 해요."

"그러면 그 기법들은 브레인스토밍과 관련이 있는 건가요?"

"물론 있지요. 강의 노트를 보세요."

[강의 노트 – 브레인스토밍]

---

1) 브레인스토밍

(1) 브레인스토밍

(2) Go/Stop 브레인스토밍

(3) Quick Go/Stop 브레인스토밍

(4) 마인드맵

(5) 비주얼 브레인스토밍

(6) 오픈 스페이스

"아니 이렇게 많이 배우는 겁니까?"

"왜, 싫으세요?"

"아닙니다. 좋아서 그렇지요."

"공부하려는 자세가 좋아요."

1) 브레인스토밍

(1) 브레인스토밍

"K과장, 실제 브레인스토밍은 회사에서 자주 사용하잖아요?"

"예, 자주 사용합니다. 하지만 잘 안 되는 거 같아요."

"왜 그렇게 생각하지요?"

"배운 적이 없기 때문이죠!"

"그러면 이번 기회에 잘 배워보세요."

"예, 알겠습니다."

"그런데 브레인스토밍의 뜻을 알아요?"

"뜻? 잘 모르는데요."

"강의 노트를 한번 보세요."

[강의 노트 – 브레인스토밍의 어원]

브레인(Brain)+스토밍(Storming)=브레인스토밍(Brainstorming)

"이게 어떻게 구성되어 있는가 하면 브레인(Brain)은 '뇌'이고, 스토밍(Storming)은 '폭풍이 일어나고 있는 중'이란 의미예요. 그러니까 브레인스토밍의 어원적 의미는 '머릿속에서 폭풍이 일어나 미친 짓을 하는 것'이지만 창의성 스킬로 사용되는 의미는 '어떤 과제에 관한 아이디어를 미친 사람들(구성원)이 낼 때 정상인(서기)이 받아적는 것'의 의미지요. 다음 그림5를 보세요."

미친 사람

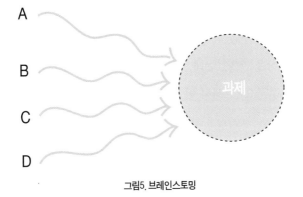

A

B

C

D

그림5. 브레인스토밍

"정말 영어의 어원을 풀어보니 그렇군요."

"그런데 K과장, 브레인스토밍을 실시하다가 미치는 사람 봤어요?"

"본 적 없는데요. 선생님은 있으세요?"

"나도 없어요. 그런데 정상인은 어떻게 하면 미칠까요?"

"술을 마시면 미치지 않을까요?"

"그렇죠. 바로 그거예요. 술을 마시면 머리가 알코올 성분으로 '스토밍' 상태가 되니까 상승작용을 일으켜 아이디어를 내는 데 효과가 높다는 해외논문을 가끔 봅니다."

"정말인가요?"

"궁금하면 한번 찾아보세요."

"알겠습니다."

다음주 도서관에 가서 꼭 찾아보겠다고 결심하였다.

"그러니까 회사에서는 아이디어를 잘 내기 위해서는 술집 분위기 같은 자유분방한 분위기을 만드는 게 중요해요. 그래서 이런 자유분방한 환경을 만들고, 더 나아가 이런 환경 속에서 아이디어 수를 늘리기 위해 규칙을 만들었는데, 이것이 '브레인스토밍 4대 규칙' 이지요."

"아, 그렇군요. 그래서 아이디어를 잘 내려면 4대 규칙이 중요한 거군요."

"그렇지요. 강의 노트를 보자고요."

[**강의 노트** – 브레인스토밍 4대 규칙]

브레인스토밍 4대 규칙

〈환경요소〉

1. 비판 금지

2. 자유스러운 아이디어 허용

〈수량요소〉

3. 아이디어 양 추구

4. 남이 낸 아이디어 편승(무임승차)

"4대 규칙 중에 '비판 금지' 규정이 가장 중요해서 제일 앞에 있나요?"

"맞아요. 어떻게 알았어요?"

"그냥 그렇지 않을까? 하는 생각을 했어요. 왜 중요하죠?"

"우리나라 대부분 회사는 아이디어 회의를 할 때 다음 그림6처럼 해요."

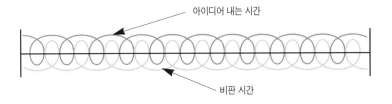

아이디어 내는 시간

비판 시간

그림6. 아이디어 회의 모습

"아이디어를 내는 시간과 비판시간이 함께 겹쳐 있네요."

"이런 모습이 대부분의 회사에서 아이디어 회의를 하는 모습이에요. 누가 아이디어를 내면 직급이 높은 분이 '어이, 그거 아이디어 맞아?' '당신 어느 학교 나왔어?' '그건 지난번 나온 아이디어와 같잖아.' '예산 있어?' '그 아이디어가 그렇게 좋으면 당신이 아이디어 오너가 되어 끝까지 책임져' … 뭐 이런 식이지요."

"어떻게 아셨어요. 우리 회사의 아이디어 회의 시간을 생중계하는 것 같아요."

"이런 아이디어 회의 모습은 K과장 회사뿐만 아니라 많은 회사가 그렇게 하고 있어요. 이것은 마치 자가용을 가지고 서울에서 부산까지 경부고속도로를 달릴 때 차의 사이드 브레이크(아이디어 비판)를 당겨놓고 엑셀레이터(아이디어 내는 것)를 밟는 것과 같지요. 곧 차가 천안쯤 가면 카센터에 입고해야 된다고."

"이런 경우는 어떻게 해야 되나요?"

"다음 그림7처럼 해야지요."

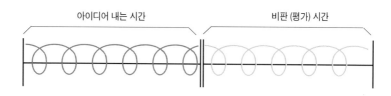

아이디어 내는 시간   비판 (평가) 시간

그림7. 시간의 분리

"아! 시간을 분리하여 진행하면 되는군요. 그런데 앞에서 비판하던 사람들은 입이 간지러워 어떻게 하죠?"

"그들에게는 회의시간 후반부에 그런 시간이 있으니 그때까지 참으라고 하는 거예요."

"그런다고 정말 참을까요?"

"K과장, 벌써 잊었어요?"

"무엇을요?"

"아이디어 회의 규범을 만들면 되잖아요."

"아! 그렇군요."

"팀은 이렇게 하면 되는데 개인은 어떻게 해야 되나요?"

"개인도 똑같아요. 아이디어를 내는 시간과 비판시간을 분리하는 것을 준수하면서 아이디어를 내야 하지만 한편으로는 또 다른 마음의 조치가 필요해요."

"어떤 조치가 필요한데요?"

"강의 노트를 보세요."

[강의 노트 – 아이디어 내는 마음]

'아이디어는 아이디어일 뿐 내가 **만들거나 / 지키지 않는다.**

"여기서 중요한 단어가 '만들거나/지키지 않는다' 는 것인데 이것을 강조하는 이유라도 있나요?"

"아이디어를 내는 사람이 지금 내가 내는 아이디어를 내가 만들거나 지켜야 한다는 의무감을 머릿속으로 생각하면서 아이디어를 내는 경우는 머릿속에서 비판이 생기고 아이디어를 제한해요. 이런 심리적 작용을 '금제작용(禁制作用 : inhibition)이라 해요."

"아! 이런 이유 때문에 조직에서도 브레인스토밍 회의 시 업무와 관계없는 사람을 참석시켜야 한다는 말을 하는군요."

"맞아요. 그런데 우리나라 사람들은 금제작용을 피하는 게 대단히 어려워요."

"어렵다면 다른 방법을 찾아야겠네요. 혹시 다른 방법이 있나요?"

"예, 뒤에서 배울 B영역 스킬에서 사용되는 '움직이는 징검다리'를 정확하게 사용하면 극복이 가능해요."

"그럼, 그것을 사용하면 되잖아요."

"그런데 브레인스토밍도 제대로 사용하지 못하는데 징검다리 사용은 너욱 어렵죠."

"우리의 창의성 스킬 공부가 그런 일들을 극복하는 데 도움을 줄

거 아닙니까?"

"그래요. 이번 공부가 아이디어를 내는 방법을 한 단계 업그레이드시킬 거라고 확신해요."

"저도 믿습니다. 그러면 첫 번째 가장 중요한 환경요인은 끝난 것 같은데요. 2번의 자유스러운 아이디어 허용 부분은 내가 생각하기에 '비판 금지'만 지켜주면 자동으로 지켜지는 것 아닌가 싶은데요?"

"그래요. 정상이 아닌 사람들이 과제에 관하여 횡설수설하는 거니까 비판하는 사람들만 없다면 가능한 일이에요."

"3번 아이디어 양 추구란 무슨 의미죠?"

"이 규칙은 확률을 높인다는 의미예요."

"무슨 확률요?"

"여기서 확률이란 좋은 아이디어가 나올 확률의 의미로 이를 테면 이런 이야기죠. 수영장에 어떤 사람이 100개의 조개를 던져놓았는데, 이 중 1개의 조개만이 진주(질 좋은 아이디어)가 들어있어요. 이때 1개의 조개를 건져 올려 진주가 나올 확률은 1퍼센트인데 반해 50개를 건지면 50퍼센트의 확률로 높아진다는 의미예요."

"정말 그렇네요. 그러면 질 좋은 아이디어가 나올 확률은 몇퍼센트인가요?"

"사람마다 다른 확률을 이야기하는데 일반적으로 3퍼센트 정도지요. 그래서 다른 나라는 '30개 규칙'이 존재하죠. 즉 1개의 아이디어를 얻기 위해서는 30개(30×3퍼센트=0.9개)의 아이디어가 필요하므로 한번 아이디어 회의를 하려고 모이면 최소 30개를 내야 한다는 규칙이에요."

"아, 우리 회사는 어렵겠네요."

"K과장이 근무하는 회사만 어려운 게 아니고 한자리에서 아이디어를 30개 내기란 쉽지 않지요."

"선생님과 이 과정을 끝내고나면 30개 정도는 문제없나요?"

"그거 문제없어요. 원하는 만큼 가능해요."

"와! 신난다. 자, 이제 그럼 4번 남이 낸 아이디어에 편승이란 무슨 의미인가요?"

"이 뜻은 남이 낸 아이디어를 보거나 듣고 다른 아이디어를 만들어내라는 의미죠. 즉 여러 사람이 모여 아이디어를 내는데 시너지를 활용한다는 의미예요."

"시너지를 통해 아이디어를 낸다란 뜻이 뭐죠?"

"여기서 시너지(synergy)의 의미는 5명의 팀원이 함께 브레인스토밍을 할 때 한 사람이 5개의 아이디어를 낸다고 가정할 경우 5X5=25개를 낼 수 있으나 시너지가 적용될 경우에는 25+a가 됨을 의미하지요."

"알겠어요. 속담에 '백지장도 맞들면 낫다'의 뜻이군요."

"바로 그거예요. K과장, 참 똑똑하시군요."

"고맙습니다. 지금까지 4대 규칙을 알아보았는데, 이 규칙은 브레인스토밍에만 적용되는 규칙인가요?"

"그렇다고 생각하지는 않아요. 모든 아이디어를 내는 데에 적용됩니다. 다만 오스본이 브레인스토밍을 만들 때 이 규칙을 먼저 적용했기 때문이지요."

"그럼, 상당히 중요한 규칙이네요."

"맞아요!"

"브레인스토밍이란 이 4대 규칙을 적용해 실시하면 되는 겁니까?"

"네, 한번 해보자고요."

[강의 노트 브레인스토밍의 예]

과제 : 어떻게 하면 안전사고를 줄일 수 있을까?

1. 매일 시작 전 안전구호 복창

2. 안전의식 강화

3. 안전모는 반드시 착용

4. 위험지역에 안전장치 설치

5. 우수한 안전수칙 준수자에게 특별수당 지급

"잘 보세요. 이렇게 하면 되는 거예요. 주의사항은 반드시 4대 규칙을 지킨다는 것. 알겠죠?"

"예, 잘 알겠습니다."

"그런데 선생님 창의성 스킬 시간에 심심하면 휴식시간에 고스톱도 치나요."

"왜 그런 생각을 하죠?"

"조금 전 강의 노트에 '고스톱'이란 단어가 나와서요."

"아! 그거요. 그것도 아이디어 내는 스킬이에요."

"정말입니까?"

(2) 고스톱(Go/Stop) 브레인스토밍

"누가 만든 스킬인데 이름이 고스톱입니까?"

"제가 만들었어요."

"정말 선생님이 만드셨습니까?"

"예."

"그런데 왜 고스톱입니까?"

"이 스킬을 만들고 나서 이름 때문에 고민했어요. 여러 사람들에게 자문을 구했는데 모두 고스톱이 좋다고 말하더군요. 특히 대학교수들이 적극 권했어요."

"그러면 특별한 의미가 있나요?"

"내가 Go/Stop이라고 부르는 첫째 이유는 기억하기 쉽고, 둘째로는 스킬에 Go/Stop이 적용되며, 셋째는 Go/Stop이 우리나라 사람들에게는 '도박'이라는 부정적 단어로 인식되어 있는데 이렇게 좋은 경우로도 쓰일 수 있음을 보여주고 싶었기 때문이죠."

"그러면 선생님께서 만드셨는데 이 스킬이 법적으로 보호를 받나요."

"예, 이 방법은 저작권과 상표권(등록 제 0114912호)으로 보호를 받고 있어요."

"아! 그러세요. 그러면 Go/Stop을 가르쳐주세요."

"이 방법은 브레인스토밍으로 시작해요. 우선 그림8을 통해 Go/Stop 브레인스토밍의 모델을 한번 살펴보죠."

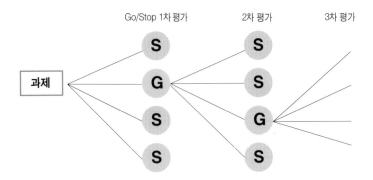

과제

Go/Stop 1차 평가 · 2차 평가 · 3차 평가

그림8. Go/Stop 브레인스토밍 모델

　"평소 아이디어를 내는 것처럼 브레인스토밍을 통해 아이디어를 내고 난 뒤 아이디어의 평가를 통해 Go 할 것인가? Stop 할 것인가를 정해야 되요."

　"그러면 Go와 Stop의 기준이 있겠네요."

　"그렇죠. 기준에 따라 아이디어를 분류해요. 강의 노트를 보세요."

[강의 노트 — Go/Stop의 기준]

기준 1.
 ˙ Go — 아이디어가 추상적임
 ˙ Stop — 아이디어가 구체적임

기준 2.
 ˙ Go — 아이디어가 '행동(Action)' 으로 불가능
 ˙ Stop — 아이디어가 '행동(Action)' 으로 가능

"선생님, 왜 기준이 2가지씩이나 되죠?"

"필요해서 2가지로 만들었어요. 우선 간편하게 기준 2를 적용하면 되는데, 예외인 것은 행동으로 가능해도(Stop) 추상적(Go)이라 여러 가지 방법론이 나오는 경우가 있어요. 이때는 기준을 2가지 동시 적용하며 결과적으로는 Go를 해야 되요."

"그럼 선생님, 기준 적용의 예를 들어주세요."

"앞에서 배운 브레인스토밍의 예를 이곳에 적용해보면,

과제 : 어떻게 하면 안전사고를 줄일 수 있을까?에 대한 아이디어가 '1. 매일 시작 전 안전구호 복창'입니다. K과장은 '안전구호 복창'이 행동으로 가능해요, 불가능해요?"

"가능하죠."

"행동으로 가능하면?"

"Stop이죠."

"맞았어요. Stop이에요. 그러면 '2. 안전의식 강화'는 행동으로 가능한가요?"

"불가능해요. 그러니까 Go겠죠."

"맞아요. 이제 이해할 수 있겠어요?"

"예, 잘 알겠어요. 그런데 Go가 되거나 Stop이 된 것을 그 다음에는 어떻게 하나요?"

"Stop은 의미 그대로 그 아이디어에서 멈추고, Go는 Go 아이디어 속에서 나온 '핵심단어'를 뽑아 본래의 과제에 넣어 '새로운 과제'를 만든 후 브레인스토밍을 하는 것이지요."

"그러면 선생님, Go/Stop은 한 번만 하나요?"

"그렇지 않아요. 이런 방법으로 2차, 3차, 4차 계속되죠."

"그러면 2차, 3차, 4차에서 나온 Go 아이디어도 아이디어 문장의 '핵심단어'를 골라 '새로운 과제'를 만드나요?"

"그래요. 2차, 3차, 4차, 그 이상 계속 나오는 것도 처음 과제에 넣어 새로운 과제를 만드는 거예요. 이것은 앞에서 배운 '아이디어 한 방향 정렬(Alignment)' 때문에 그렇게 하는 거예요. 아래의 그림을 보세요."

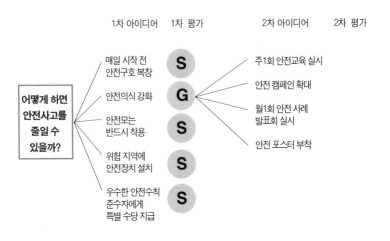

그림9. Go / Stop 브레인스토밍 예

"선생님, 그림9에서 1차 평가처럼 Go는 1개만 나와야 되나요?"

"아니요. 그런 것이 아니고 Go의 기준에 적용되는 것은 숫자와 상관없이 모두 Go가 되어야 해요. K과장, 나도 질문 2가지만 할게요?"

"쉬운 것으로 내주세요."

"걱정 말아요. 첫 번째 질문은, 안전의식 강화가 Go라고 했어요. Go를 이용하여 새로운 과제를 만들어보세요."

"여기서 핵심단어가 '의식 강화' 이므로 '어떻게 하면 의식 강화를 통하여 안전사고를 줄일 수 있을까?' 로 하면 될 것 같은데요?"

"맞았습니다. 정말 대단하네요. 두 번째 질문은 위에 K과장이 만든 새로운 과제에서 나온 2차 아이디어 중에서 Go가 되는 아이디어는?"

"그건 참으로 이상해요. '안전 캠페인 확대' 라는 아이디어는 '행동' 으로 가능(Stop)할 것 같은데, 한편으로는 추상적(Go)이라 '캠페인 확대방법' 이 많이 있을 것 같은데요."

"바로 그것이 2가지 기준이 적용되는 예죠. 이럴 경우는 Go 혹은 Stop 중에서 어느 쪽이 맞나요?"

"그야 당연히 Go라고 해야죠."

"맞았어요. 이제 점점 나의 수제자가 되어가는군요."

"고맙습니다. 이제는 'Go/Stop 브레인스토밍' 을 잘 할 수 있을 것 같아요. 그런데 선생님, 선생님께서 만드셨다는 이 'Go/Stop 브레인스토밍' 만이 가지고 있는 특별한 장점이 있나요?"

"물론 있죠. 강의 노트를 보세요."

[강의 노트 – Go/stop 브레인스토밍 장점]

1. 사용하기 간편하다.

2. 아이디어 수가 증가한다.

3. Go/Stop +모든 창의성 스킬 적용 가능

"선생님의 깅의 노트에서 사용하기 산변하다는 것은 이해하겠는
데 아이디어 수가 증가하는 것은 사실인가요?"

"제 경험으로는 보통 사람들이 아이디어를 내면 낸 숫자의 50퍼
센트가 Go, 50퍼센트가 Stop으로 분류되요. 이때 Go의 50퍼센트가
새로운 과제가 되어 아이디어를 내고, 그것이 2차, 3차, 4차, 5차, 무
한대차까지 간다면 아이디어 수는 증가할 수밖에 없어요. 또 '3.
Go/Stop + 모든 창의성 스킬'에서 아이디어가 글로 표현되는 모든
스킬이 이곳에 들어올 수 있어요. 세상에 나와있는 창의성 스킬 300
여 개 중 80~90퍼센트가 이곳에 들어올 수 있어요. 또 앞에서 설명
했던 '아이디어 100배 늘(올)리기'의 방법을 이용하여 실시해요."

"그렇게 되면 정말 많은 아이디어를 낼 수 있겠네요. 선생님, 그
런데 궁금한 것은 'Go/Stop' 뒤에는 많은 스킬이 들어갈 수 있다
고 하셨는데, 왜 'Go/Stop' 뒤에 브레인스토밍이라고 하셨나요?"

"그것은 우리나라 사람들이 브레인스토밍이라는 단어에 익숙해
있고, 아이디어를 내는 다른 방법을 몰라 그렇게 이름 지었어요."

"그렇군요. Go에서 나온 '새로운 과제'가 아이디어 한 방향정렬
이라는 것은 이해하겠는데 좋은 아이디어가 나온다는 것은 무슨 의
미죠?"

"아인슈타인이 '문제를 정확하게 정의하면 반 이상은 해결했다' 고 말한 것처럼 좋은 아이디어를 내는 데는 과제가 한몫 해요. 그런 데 Go의 핵심단어가 우리의 시각에 변화를 주어 과제를 다른 각도 로 바라보게 하여 좋은 과제를 만들게 하고 여기서 좋은 아이디어를 얻을 수 있죠."

"그렇군요. Go/Stop이라는 방법이 창의성 스킬에 대단히 유용 하여 중요한 위치를 차지하겠네요. 우리나라에도 이런 스킬이 많이 개발되었으면 좋겠어요."

"저도 그렇게 생각해요."

"선생님, 조금 전 배웠던 Go/Stop 브레인스토밍은 개인적으로 는 상당히 유효하다고 생각되는데, 브레인스토밍은 시너지를 위해 함께 하는 거잖아요. 그런데 이 방법은 함께 할 수 없을 것 같아요?"

"그건 걱정하지 마세요. 이럴 경우를 대비하여 만들어놓은 스킬 이 있어요."

"그게 뭔데요?"

"그건 'Quick Go/Stop 브레인스토밍' 이라는 방법이지요."

(3) Quick Go/Stop 브레인스토밍

"Quick Go/Stop 브레인스토밍과 Go/Stop 브레인스토밍 의 차이는 무엇인가요?"

"Quick Go/Stop 브레인스토밍은 Go/Stop 브레인스토밍 의 방법과 원리를 그대로 적용하되 여러 사람이 함께 아이디어를 낼 수 있는 방법이지요."

"Quick Go/Stop 브레인스토밍을 여러 사람들과 함께 한다면 어떻게 해야 됩니까?"

"보통의 브레인스토밍은 '서기'를 두고 회의를 진행하는 데 반해 Quick Go/Stop 브레인스토밍은 각자 스스로 서기가 되어 자기의 아이디어를 포스트 잇에 적어내는 방법입니다."

"포스트 잇 한 장에 몇 개의 아이디어를 적어내나요?"

"포스트 잇 한 장에 반드시 한 개의 아이디어를 적어야 합니다."

"특별히 그렇게 해야 하는 이유가 있나요?"

"만일 한 장에 아이디어 두 개 적었는데 한 개는 Go, 한 개는 Stop이면 다음 단계에서 해야 하는 아이디어 분류가 불가능하기 때문이죠."

"그럼 Quick Go/Stop 브레인스토밍은 어떻게 실시해야 하나요?"

"우선 그림10을 보고 설명해보죠."

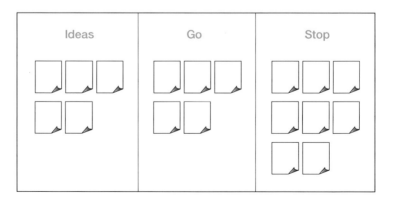

그림10. Quick Go/Stop 브레인스토밍

"그림10에서 제1단계 : 참석자 전원은 과제에 관한 개인의 아이디어를 각각의 포스트 잇에 적습니다. 제2단계 : 아이디어가 적힌 모든 포스트 잇을 'Ideas' 란에 붙입니다. 제3단계 : Go/Stop 기준에 따라 아이디어를 분류하고, 제4단계 : 분류한 포스트 잇을 Go란과 Stop란에 나누어 붙입니다. 그리고 그 다음에는 Go란에 있는 포스트 잇 한 장에서 핵심단어를 골라 본래의 과제와 결합하여 새로운 과제를 만들고, 새로운 과제에 관해 아이디어를 내고, 분류하는 과정을 순환 반복하여 원하는 아이디어 수가 나올 때까지 하면 됩니다."

"방법은 알겠는데 그럼 포스트 잇은 어디에 붙이나요?"

"그것은 유리창, 화이트보드, 벽면, 모조지 등 어느 곳이나 가능해요."

"선생님, 그러면 이 방법을 혼자서는 할 수 없나요?"

"K과장은 어떻게 생각하세요?"

"사용할 수 있을 것 같은데요."

"빙고! 맞았어요. 개인적으로 가능해요. 그리고 개인이나 팀이 Quick Go/Stop 브레인스토밍을 사용할 때는 다양한 색깔의 포스트 잇을 사용하는 것도 좋은 방법입니다."

"아! 잘 알겠습니다."

나는 머릿속에서 안개가 걷히고 있음을 느낀다.

"선생님, 몇 년 전 제가 회사에서 아이디어를 내는 것이 어렵다고 아내와 이야기하는 것을 옆에서 듣고 있던 제 딸이 자기가 학교에서 아이디어 내는 법을 배웠다고 제게 알려준 방법이 있는데 생각이 잘 나지 않아요."

"아마 초등학교에서 배웠다면 '마인드 맵(Mind Map)'일 거예요."

(4) 마인드 맵

"아! 맞습니다. 마인드 맵! 선생님께서 말씀하시니 생각이 납니다."

"마인드 맵은 1970년대에 영국의 토니 부잔(Tony Buzan)이 개발한 스킬로 초등학생들에게는 대단히 유용할 수 있어요."

"왜 초등학생들에게 유용하다고 말씀하시는 거죠?"

"흔히 초등학생들은 마인드 맵을 통하여 그들이 이야기하는 '생각의 주머니'를 키우는 방법을 배우기 때문이죠."

"생각의 주머니가 뭐죠?"

"여러 가지로 해석할 수 있겠지만 그 중 하나로 연상 작용을 이용하여 많은 생각을 하는 거라고 생각해요."

"예를 들어 설명해주세요."

"'노란색'이라는 단어를 가지고 시작할 때 생각에 떠오르는 단어가 '버스' '녹색' '오렌지' '수선화' '바나나'였다고 가정하면 그 다음은 '버스' 하면 '트럭'을 연상하고, '트럭'은 '앰뷸런스' '불자동차'로, '불자동차'는 '불'로, 그리고 '불'은 '앰뷸런스', '병원'으로 이어지죠. 이렇게 연상 작용을 통해 생각의 주머니가 커지는 거죠. 다음 그림11을 보세요."

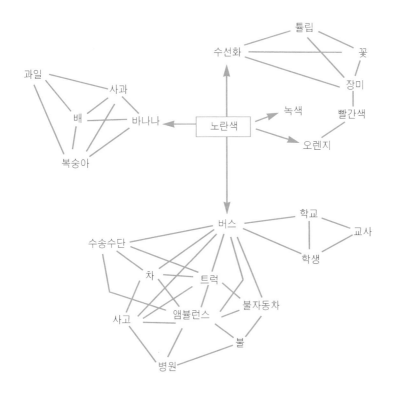

그림11. 마인드 맵을 이용한 연산 작용의 예

"마인드 맵은 초등학생만을 위한 스킬인가요?"

"그렇지 않아요. 나는 책을 쓰는 것은 물론 모든 글쓰기에 마인드 맵을 이용해요."

"정말이세요?"

"예, 실제로 토니 부잔의 '마인드 맵'이라는 스킬이 한국에 전해지기 훨씬 전부터 책 정리, 글쓰기 등에서 마인드 맵 스킬을 사용했어요."

"그럼 부잔이 말하는 마인드 맵의 지침에 따라 했나요?"

"아니오. 내가 처음 맵을 시작할 때는 부잔의 지침도 없었고, 지금도 물론 따르지 않고 나만의 방법을 가지고 내가 만들고 싶은 대로 편하게 만들어서 사용해요."

"정말 그렇게 해도 되나요?"

"나중에 부잔이 쓴 책을 읽어보니 그 시절에 내가 만들어서 사용했던 방법과 비슷했어요."

"그러셨군요."

"K과장 혹시 『손자병법』을 읽은 적 있나요?"

"예, 읽어봤는데요. 대충 읽어서 지금은 잘 기억할 수 없어요."

"『손자병법』 병세편(兵勢篇)에 보면 '정(正)과 기(奇)'의 개념이 나옵니다. '정'이란 정석을 의미하며 '기'란 변화 혹은 변칙 정도로 해석이 가능하지요. 그런데 이들의 관계에서는 '기'만 있고 '정'이 없으면 망하고, 또한 '정'만 있고 '기'가 없으면 확실한 성공을 점치기 어렵지요. 이 개념은 창의성 스킬에도 그대로 적용됩니다. 그런데 시중에 나온 많은 책들은 창의적인 업무를 수행하다가 본인만의 경험에서 터득한 '기'를 검증 없이 책으로 내놓은 것이 많기 때문에 실제 독자들은 그런 책을 통해서는 창의성을 배우기 매우 힘들어요."

"그렇군요. 그러면 조금 전 말씀하신 마인드 맵의 경우 선생님이 사용하시는 방법은 '정'과 '기' 중에 어디에 해당되나요?"

"제게 있어서 마인드 맵의 경우는 내가 만들어 사용했고 교육생들과 함께 검증했기 때문에 '정'이면서 '기'라고 할 수 있어요. 그리고 이곳에서 K과장에게 교육하고 있는 창의성 스킬 중에서 제가 만들었거나 변화시킨 스킬들은 지난 10년 동안 각 분야에 근무하는 교육생들과 함께 검증했기에 모두 '정'에 해당됩니다. 그러니까 지금 K과장이 제게서 많은 창의성 스킬을 배우고 있는 것을 '정'으로 하고 시간이 지나면 K과장에게 맞게 고쳐 '당신만의 방법'을 만드는 것을 '기'라고 해도 좋을 거예요."

"정말 그렇습니까?"

"하지만 당장은 쉽지 않을 거예요. 처음에는 내가 알려준 대로 정확한 방법을 통해 사용하다가 보면 '이렇게 사용하는 게 나에게는 좋겠는데!' 하는 영감을 받게 될 거예요. 그때 '기'를 위한 새로운 시도를 해보는 거지요. 그런 경지까지 도달하면 K과장도 창의성 스킬 도사의 길로 접어든다는 증거지요."

"그렇게 되도록 열심히 하겠습니다. 그러면 마인드 맵은 저 같은 직장인은 어느 곳에 활용 가능한가요?"

"여러 곳에 적용시킬 수 있어요. 예를 들면 노트, 메모, 기획, 보고서 작성, 프로젝트 관리, 아이디어 창출 등에 적용 가능해요."

"그러면 제가 늘 관심을 가지고 있는 보고서 작성과 아이디어 내는 법에 관해 설명해주세요."

"그럽시다. 우선 보고서 작성에 관한 아이디어를 얻기 위한 강의 노트를 보세요."

[강의 노트 – 보고서 작성을 위한 마인드 맵 방법]

1. 종이 중앙에 보고서의 제목을 핵심단어로 정리하여 적는다.
2. 보고서와 관련된 주요 테마, 요소 등의 목록을 작성한다.

3. 2단계에서 나온 목록을 보고서 핵심단어를 중심으로 가지처럼 분사시켜 연결한다.
4. 독립된 가지인 핵심단어를 중심으로 연산 작용을 통해 나온 관련 생각을 적는다.
5. 4단계에서 나온 생각을 정리하여 보고서를 작성한다.

"회사의 PC가 노후해서 K과장이 '새로운 PC 도입 프로젝트' 보고서를 쓰는 일이 주어졌다고 가정하고 아래 그림을 보세요."

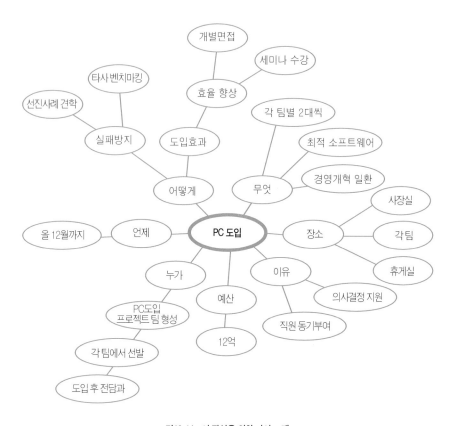

그림12. 보고서 작성을 위한 마인드 맵

"자, 설명을 들어봐요. K과장이 작성해야 할 보고서가 '새로운 PC 도입 프로젝트'에 관한 겁니다. 제1단계 제목의 핵심단어는 'PC 도입'이고, 제2단계 주요 테마(요소)는 어떻게, 무엇, 장소, 이유, 예산, 누가, 언제로 목록을 작성했어요."

"선생님, 질문 있는데요?"

"무슨 질문이죠?"

"조금 전에 말씀하신 테마(요소)의 적절한 수는 몇 개입니까?"

"아주 좋은 질문입니다. 사람마다 다르다는 게 정답이겠지만 보통 해외의 글들은 6~8개로 '매직 숫자'인 '럭키 7'을 중심으로 이야기합니다. 저는 8개는 너무 많아 보여요. 그래서 6개 내외면 적당하지 않을까 하는 생각을 가지고 있어요."

"예, 잘 알겠습니다. 설명을 계속해주시죠?"

"3단계는 연결이고, 4단계의 경우 '어떻게'에 관련된 생각은 '실패방지'와 '도입효과'를, 실패방지에서는 선진사례 견학, 타사 벤치마킹, 도입효과는 '효율 향상'이고 효율 향상에서는 개별면접, 세미나 수강이 나왔어요. 나머지도 '어떻게'와 같은 방법으로 실시하면 됩니다. 5단계는 그림12에서 나온 결과를 가지고 정리해서 보고서를 쓰는 거예요."

"아～ 이런 방법으로 보고서를 쓰면 보고서 안에 담길 내용이 이미 모두 나왔기 때문에 정리만 하면 쉽게 쓸 수 있겠네요. 그런데 조금 전 선생님께서 오래 전부터 책이나 글을 쓸 때 마인드 맵을 이용하신다고 하셨는데, 혹시 이 방법을 통해 글을 쓰시나요?"

"물론이죠. 쓸 책이나 글의 전체 내용을 종이에 마인드 맵핑

(Mind Mapping)한 후 앞에서 말한 테마나 요소별로 다른 종이에 상세하게 2차 맵핑을 실시하죠. 어느 때는 3차, 4차에 걸쳐 부분 맵핑을 하는 경우도 있어요. 그런 뒤에 전체의 글을 논리적으로 정리하면 됩니다."

"저도 앞으로 그런 방법을 많이 활용해야겠네요. 그러면 이번에는 마인드 맵을 통해 아이디어 내는 법을 알려주세요."

"예, 그렇게 하죠. 강의 노트를 보세요."

[강의 노트 ─ 아이디어를 얻기 위한 마인드 맵 방법]

1~4단계까지는 앞에서 설명한 보고서 작성을 위한 마인드 맵 방법의 예에서 '보고서'를 '과제'로 바꾸면 된다.

5. 4단계에서 나온 생각을 연결, 조합하여 아이디어를 만든다.

"선생님, 단계별 설명을 좀 해주세요?"

"그림13을 보면서 설명하죠."

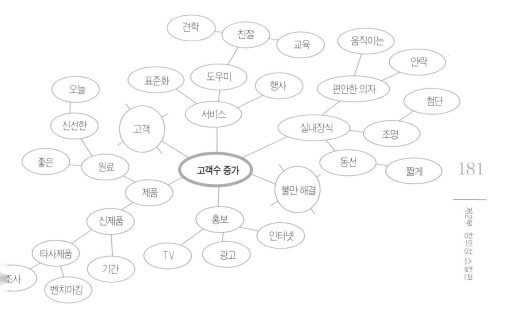

그림13. 마인드 맵 예

"여기를 보시죠. 그림13에서 과제는 '어떻게 하면 고객수를 증가시킬 수 있을까?' 입니다. 여기서 1단계 과제의 핵심단어는 '고객수 증가' 입니다. 2단계 과제와 관련된 주요 테마 요소는 서비스, 실내 장식, 불만 해결, 홍보, 제품, 고객 등 6가지로 설정했어요. 3단계는 연결하면 되고, 4단계는 서비스의 경우 행사, 도우미, 표준화가 나왔고, 도우미에서는 친절, 친절에서는 견학, 교육이 나왔어요. 실내 장식에서는 편안한 의자, 조명, 동선이 나왔고, 편안한 의자에서는 안락, 움직이는이 나왔어요. 5단계에서는 여러 아이디어가 나올 수 있지만 예를 하나만 들어보면 벤치마킹, 움직이는, 도우미란 단어를 조합하여 '로봇을 벤치마킹해 도우미가 동작을 로봇처럼 시작하면 전 직원이 1분간 따라하여 고객의 흥미를 유발한다' 라는 아이디어를 얻을 수 있어요."

"만일 5단계에서 결합만 잘 할 수 있다면 아이디어는 많이 얻을 수 있겠네요."

"그래요. 또 이 단계에서 나오는 주요 테마나 요소를 뒤에서 배울 '조합법' 의 '매개변수' 로 설정하여 아이디어를 조합한다면 더 많은 아이디어를 얻을 수 있을 거예요."

"잘 알겠습니다. 회사에 가서 바로 사용하겠습니다."

봄이 오는 소리가 들린다.

"K과장, 혹시 어릴 때 수수께끼로 '스무고개' 라는 놀이를 해본 적이 있나요?"

"있죠. 그게 어린시절 우리의 중요한 놀이 중 하나였어요."

"그래요. K과장은 그 놀이를 할 때 정답을 잘 맞췄나요?"

"아닌데요. 그런데 왜 공부하다 말고 그런 말씀을 하세요?"

"지금부터 배울 비주얼(Visual) 브레인스토밍을 생각하니 그게 떠올라서요."

(5) 비주얼(Visual) 브레인스토밍

"그게 무슨 말씀이세요?"

"비주얼 브레인스토밍을 강의하기 전에 가끔씩 실습을 한 가지씩

하는데요."

"어떤 실습을요?"

"교육생 중에 본인이 혹은 타인의 추천을 받아 말을 제일 잘하는 사람을 선발해서 한 가지 물건을 주고 스무고개처럼 하는데 대신 '질문과 대답'의 형식이 아닌 일방적으로 설명하게 합니다. 이 과정에서 아무리 말을 잘하는 사람이 설명을 해도 다른 사람들이 그 물건을 맞추지 못해요."

"그럼 어떻게 하나요?"

"그때는 그들에게 설명한 물건을 보여줘요. 그러면 모두 '에이~ 그것' 이렇게 이야기하죠."

"저도 그럴 것 같은데요."

"그게 바로 '비주얼의 힘'이에요."

"실물이나 그것의 그림을 보는 것이야말로 백 번 설명하는 것보다 쉽게 이해되는 경우가 많아요. TV 게임에서 자주 하는 것을 예로 들면, 장미라는 단어를 바로 말하지 말고 다른 말로 설명하여 장미를 유추할 경우 아름다운 여인, 우산, 연인, 색깔 등이라고 말할 거예요. 복잡한 꽃을 간단하게 언어로 묘사하면 특정 사고방식으로 치우쳐 인간의 호기심의 폭을 좁히는 경향이 있어요."

"그럼 전문가들도 이 방법을 사용하나요?"

"그럼요. 레오나르도 다 빈치는 정보를 파악하고 문제를 공식화하고 문제를 해결할 때에는 말이나 글이 아닌 그림, 다이어그램, 그래프 등을 사용하여 해결했지요. 또 현대무용의 천재 마사 그레이엄의 경우 전통적인 발레의 습관적인 면을 거부하고 간단한 그림과 스케치로 자신만의 무용어휘를 만들었어요. 그녀의 노트에는 자신의 아이디어와 생각을 그린 그림과 스케치로 가득 차 있었고, 이렇게 함으로써 말을 사용하지 않고도 무용을 개념화할 수 있었어요."

"어쩌면 무용처럼 그림이 아니면 불가능한 영역도 있겠네요."

"그림의 방법을 통해 아이디어를 내면 각자의 상상력을 발휘해 더 좋은 아이디어를 얻을 수 있어요."

"정말 그럴까요?"

"혹시 브레인스토밍 규칙 4번을 기억하세요?"

"그럼요. '남이 낸 아이디어에 편승한다' 잖아요."

"그런데 저는 여기서의 편승이 거의 불가능하다고 생각해요. 왜냐하면 앞사람이 이야기하고 나면 그 언어의 영향으로 앞사람이 말한 생각 외에는 다른 생각을 하기가 어려워요. 만일 이때 앞사람이 그림으로 아이디어를 냈다면 앞사람의 생각과는 무관하게 내가 타인의 아이디어를 추측하면서 또 다른 아이디어를 낼 수 있을 거예요."

"정말 그렇겠네요. 그럼 어떻게 하면 되죠?"

"그림으로 아이디어를 내는 방법은 개인마다 다를 수 있기 때문에 팀이 그림을 통하여 브레인스토밍하는 방법을 이야기할께요. 강의 노트를 보세요."

1단계: 과제를 선정한다.

2단계: 참가자들에게 과제 해결을 위한 스케치를 하도록 5분간의 시간을 준다.

3단계: 5분 후 참가자들은 자신이 스케치한 그림을 오른쪽 사람에게 전달한다.

4단계: 참가자들은 왼쪽 사람에게서 받은 스케치를 검토하고 특징을 첨가하거나

그림을 수정하거나 또는 같은 페이지에 새로운 아이디어를 스케치한다.

5단계: 그런 다음 다시 오른쪽 사람에게 넘긴다.

6단계: 처음 그림을 시작한 사람이 본인 그림을 받게 되면 그림 그리기를 멈춘다.

"이거 재밌겠는데요. 저는 그림을 못 그려서…"

"그런 걱정은 마세요. 잘 그리지 못한 그림은 뒤에 있는 다음 사람들에게 더 큰 자극을 줘요. 그리고 팀이 함께 하려면 시작 전 그림 연습을 해도 돼요. 예를 들면 차, 꽃 등 구체적인 것에서 시작하여 사랑, 순간 등의 추상적인 단어를 연습하고 시작하면 훨씬 쉽게 접근할 수 있을 거예요."

"이 방법에 관해서는 구체적으로 제시되어 새로운 설명을 하지 않아도 될 것 같은데 몇 가지 질문을 하겠습니다."

"그렇게 하세요."

"2단계 스케치는 어디에 하나요?"

"그건 정해진 것은 없어요. 저는 교육생들과 할 때 복사용지를 사용해요."

"스케치를 할 때 구체적으로 해야 되나요."

"스케치는 상징적이거나 현실적일 수 있어요. 그러나 저는 그림이 다음 사람에게 아이디어 자극을 주려면 좀더 추상적이기를 원하죠. 그래서 첫 번째 시작 그림은 눈을 감고 스케치를 실시할 것을 권해요."

"그렇겠네요. 그런데 한 종이에 여러 사람이 그림을 그리면 누가 그린 것인지 혼돈이 생길 듯한데요?"

"좋은 질문이에요. 그럴 경우를 대비해서 처음 스케치를 시작할 때 각기 다른 색의 필기구를 사용하게 하죠."

"그렇게 하면 좋겠네요. 그럼 그려놓은 그림을 보고 아이디어는 어떻게 낼 수 있나요?"

"그건 비주얼 브레인스토밍 해석법을 보시죠."

[강의 노트 – 비주얼 브레인스토밍 해석법]

1. 그림을 그린 반대방향으로부터 차례로 자신의 아이디어를 이야기한다.
2. 본인에 의해 이야기되고 있는 아이디어를 서기 혹은 본인이 적는다.

"반대방향으로 한다는 건 어떻게 하는 것인가요?"

"다음 그림14를 보세요."

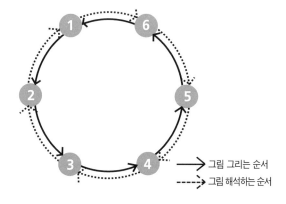

→ 그림 그리는 순서
--> 그림 해석하는 순서

그림14. 비주얼 브레인스토밍 해석 방향

"그림에서 아이디어를 스케치하는 순서는 ①→②→③→④→⑤→⑥으로 시작하며 아이디어를 해석하는 순서는 ⑥→⑤→④→③→②→① 순서대로 하지요."

"아! 그러면 해석은 어떻게 하나요?"

"해석해야 할 그림이 ①인 경우 ⑥번 사람부터 그림 해석을 시작하는데, 앞사람 ⑤번의 그림은 A라는 아이디어, ④ 는 B라는 아이디어, ③ 은 C라는 아이디어 식으로 다른 사람의 아이디어를 본인이 추측하여 해석하고, 그래서 나는 이런 아이디어를 추가해서 그렸다고 본인이 그린 아이디어를 설명해도 되고, 아니면 앞사람들의 전체 아이디어는 이런 아이디어 같아 나도 이런 그림을 추가했다고 해석하면 됩니다. 그 다음에는 ⑤번 사람도 같은 방법으로 해서 처음 그림을 시작한 ①번 사람까지 오면 그림을 처음 그린 사람의 그림 해석이 끝나며, 이때까지 나온 아이디어를 모아놓고 다음 사람 ②

의 그림을 해석하여 전체가 차례로 하면 되지요."

"그러면 아이디어가 많겠네요?"

"그럼요, 아이디어가 대단히 많아져요. 브레인스토밍 규칙 3번이 무언지 아시죠?"

"아이디어의 양을 추구하라는 것이죠."

"그 규칙에 딱 맞지요. 내 생각에는 구성원들이 이 방법에 익숙해지면 평소 하는 브레인스토밍보다 훨씬 좋은 아이디어를 낼 수 있을 거라고 확신해요."

"아! 재미있다. 정말 그렇겠네요.

선생님 제가 고민이 하나 있는데요?"

"무슨 고민이죠?"

"우리 회사 전체 직원이 300명인데요, 매년 봄·가을 체육대회를 실시해왔어요. 그런데 사장님께서 어느 외국잡지에서 보셨다며 올해부터는 회사 조직구성원 전체 의견을 통합하는 팀 빌딩 프로그램을 서울 근교 콘도에서 진행하는 것이 좋겠다는 의견을 내셨는데, 우리 팀장을 비롯하여 관련 부서 팀장들이 엄두가 나지 않아 걱정하고 있어요. 혹시 브레인스토밍을 통해 전체 직원을 대상으로 팀 빌딩 워크숍을 진행하는 방법은 없는지요?"

"진행할 수 있어요. 브레인스토밍을 응용한 '오픈 스페이스'라는 방법을 이용하면 됩니다."

(6) 오픈 스페이스(Open Space)

"선생님, '오픈 스페이스' 스킬은 처음 들어보는데요?"

"아마 생소한 사람도 있겠지요. 이 방법은 이미 『아무도 생각하지 못하는 것 생각하기』에서 '오픈 미팅(Open Meeting)'이란 방법으로 소개됐어요."

"그럼 오픈 미팅이라고 하시지 왜 오픈 스페이스라고 하세요?"

"오픈 스페이스는 오래 전 내가 NTL 교육 시 벙커(Barbara Benedict Bunker)교수에게서 'Large Group Interventions'란 과목을 배우면서, K과장의 회사같이 300명 이상을 위한 팀 빌딩 스킬로는 '미래 탐색(Future Search)'과 '오픈 스페이스'가 좋을 것 같다는 생각을 했어요. 또 '오픈 미팅'보다 '오픈 스페이스'란 스킬 명이 일반화되어 있어서 그렇게 했어요."

"그렇군요. 우리 팀장에게 알려주면 매우 좋아할 거예요. 빨리 알려주세요."

"그래요. 그럼 공부합시다."

"선생님, 오픈 스페이스를 진행할 때 참석자의 범위는 어디까지인가요?"

"식당아줌마, 수위아저씨부터 사장까지가 참석 대상이에요. 또 좀더 범위를 넓혀 외부고객, 제삼자 등을 참석시켜도 돼요."

"외부고객, 제삼자가 왜 참석하죠?"

"그들이 참석해서 회사에 관한 자신들의 의견을 이야기하는 거죠."

"그 방법은 좋을 것 같긴 한데, 우리 회사와 거래하는 외부고객들은 항상 바쁜 관계로 우리와 함께 하는 분기별 회의 시에도 불참자가 많아요."

"그렇군요. 바쁜 세상에 사시는 분들이니까 이해는 해요. 하지만 회사가 내부고객 외에 '외부고객의 소리'를 꼭 듣고 싶다면 그분들의 이야기를 비디오카메라로 녹화해서 워크숍 시작 전에 비디오를 보는 것도 좋은 방법입니다."

"아! 그렇게 하면 되겠네요. 그러면 실시하는 방법을 알려주세요."

"그럼 강의 노트를 보세요."

[강의 노트 - 오픈 스페이스 진행법]

1. 참석자 모두는 모조전지 반장 정도 크기의 종이를 준비한다.
2. 각자의 조직에 관한 관심사항(이슈)을 종이 위에 적는다.
3. 적은 내용을 큰 소리로 발표한 후 벽에 종이를 붙인다.
4. 조직에 대한 같은 관심사항을 가진 사람들을 파악하기 위한 '이슈 시장'을 연다.
5. 관심사항별로 모여 이슈를 토론하고 아이디어를 낸다.
6. 5단계에서 나온 아이디어를 모아 제출한다.

"선생님, 이런 방법으로 각자 적은 내용을 발표하려면 시간이 많이 소요되겠는데요?"

"물론 그럴 수 있지요. 하지만 조직에 관한 사항을 다룬다면 그렇게 많은 시간이 소비되지는 않을 거예요. 1, 2단계는 쉽게 이해할 것이고, 3단계를 진행하면서 다른 관심사항(이슈)을 가진 사람 20

명 정도를 발표시키고 나서, 4단계를 열고 또 다시 3단계로 와서 또 다른 이슈를 가진 사람을 발표시키면 몇 명 이내로 한정될 거예요."

"꼭, 그럴까요?"

"꼭 그렇다기보다는 자기가 생각하는 이슈를 다른 사람도 생각해서 쓰는 경우가 많기 때문에 그렇게 많지는 않을 겁니다. 많으면 끝까지 하면 되고요."

"그러면 종이는 어떻게 붙이죠?"

"벽면에 종이를 붙일 때는 간격을 띄워 붙이는 게 좋아요. 그래야 복잡함을 막을 수 있어요."

"간격을 띄워 붙이고 '이슈 시장' 은 어떻게 열지요?"

"이슈 시장은 아래 그림을 보세요."

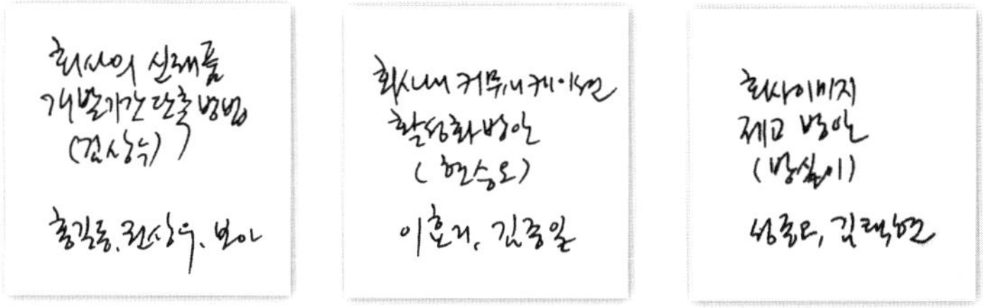

그림15. 벽에 붙은 종이

"그림15에서 보는 것처럼 각자 평소에 생각했거나 관심 있는 이슈가 있으면 붙여놓은 종이에 자기 이름을 쓰는 겁니다. 이렇게 해서 관심 있는 사람을 파악하지요."

"그럼 참여자들은 한 곳밖에는 이름을 못 쓰나요?"

"그렇지 않아요. 그 워크숍 장소의 벽에 붙어있는 이슈들을 모두 읽어보고 여러 곳에 이름을 써도 됩니다. 다음 단계는 이슈에 이름을 쓴 사람들이 모여 함께 이슈에 대해 토의하면서 아이디어를 내면 되지요."

"이때 주의사항은 없나요?"

"몇 가지 있어요. 이때 그 토론에 대한 진행은 그 이슈를 처음 제공한 자(그림의 이슈 옆에 이름 쓴 자)가 하며, 옆에서 진행하는 사람들한테서 방해를 받지 않으려면 간격을 멀리해서 토론장을 만들거나 혹은 작은 방이 있으면 더욱 좋지요."

"이슈가 많으면 사람들이 분산되어 효과가 적을 것 같은데요?"

"그것은 전체 진행자가 효과적으로 진행하는 법을 생각해야지요. 예를 들면 5명 이상 이름이 쓰인 이슈만 다룬다든지 혹은 시간을 나누어 1교시 : 1시부터 2시, 2교시 : 2시부터 3시. 3교시 : 3시부터 4시. 이렇게 해서 이슈별 시간을 정해서 진행하면 되지요."

"아, 그렇게 하면 되겠군요. 그런데 내가 처음 참석한 토론이 기대했던 것보다 재미가 없으면 어떻게 해야 하나요?"

"그때는 자기가 여러 곳에 이름을 써놓았기 때문에 다른 토론장으로 가서 토론에 참석하면 돼요. 이 법칙을 오픈 스페이스에서는 '자유 입출입 법칙(law of two feet)'이라고 해요. 하지만 말없이 퇴장하면 진행자가 당황할 수 있으니까 진행자에게 목례 정도의 양해를 구하고 떠나야 해요."

"이슈를 토론하고 아이디어를 낼 경우에는 제가 배운 창의성 스킬을 활용할 수 있을 것 같은데요?"

"물론이죠. 아마 그럴 경우 'Quick Go/Stop 브레인스토밍'이 대단히 유효할 거예요."

"이 과정을 통해 나온 아이디어를 모으면 되고, 'Quick Go/Stop 브레인스토밍'을 실시할 경우 포스트 잇만을 모으면 쉽게 해결되겠네요."

"그래요. 그렇게 하면 되요. 또 다른 궁금 사항 있나요?"

"없습니다. 아주 잘 알겠습니다. 제가 팀장님께 설명만 잘하면 이번 인사고과는? 하하하…."

내 입가엔 그 동안 사라졌던 웃음이 나오기 시작했다.

"선생님, 안녕하세요?"

"어서 오세요. K과장. 요즈음 공부하느라 고생이 많죠??"

"아닙니다. 선생님. 저를 위한 공부인데요. 그런데 선생님, 혹시 지금 공부하려고 하는 창의성 스킬 '조합법'은 여러 가지 이름으로 불려지나요?"

"맞아요. 어떻게 알았어요?"

"어제 저녁 집에서 복습하고 있는데 외국에서 공부하고 돌아온 고교 동창생이 우리 집에 놀려 왔었어요. 이야기 도중 내가 요즘 창의성을 배우는데 재미있다고 했더니, 그 친구도 외국에서 공부할 당시 창의력 세미나에 참석했던 적이 있다면서 관심을 보이더군요. 저는 지금까지 배운 것을 설명했고, 내일부터 배울 내용이 조합법이라고 하니까 그 친구가 '이상하다 나는 이 스킬을 다른 이름으로 배웠는데?' 하더라고요."

"예, 맞습니다. 조합법이라고 불리는 것은 일반적으로 광범위하게 부르는 방법이고, 나라나 저자에 따라 '형태학적 분석법(Morphological analysis)'이라고 부르는 사람도 있고, 천재들이 발휘했던 창의성 스킬을 분석해 놓은 책 『아무도 생각하지 못하는 것 생각하기(Cracking Creativity)』의 저자 마이클 미칼코(Michael Michalko)는 레오나르도 다빈치가 주로 사용한 방법이라고 하여 '다빈치(Da Vinci) 스킬'이라고 불러요."

"그러면 조합법의 사용법을 알려주세요."

2) 조합법(Combination Soup)

"강의 노트를 보세요."

[강의 노트 - 조합법 실시 방법]

---

1. 과제를 선택한다.
2. 과제의 매개변수를 나열한다.
3. 각 매개변수 밑에 원하는 만큼의 대안을 나열한다.
4. 대안을 목록화하는 일이 끝나면 매개변수 아래 나열된 각 대안들을 무작위로 뽑아 조합을 만든다.
5. 무작위 조합을 통해 아이디어를 얻는다.

"K과장, 이 방법은 우리가 이미 배운 두 종류의 과제 — 명사형 과제, 동사형 과제 - 를 따로 떼어 생각해봐야 해요."

"왜 그렇죠?"

"두 과제가 접근법이 달라요. 먼저 명사형 과제부터 이야기하기로 해요."

"두 과제 중에서 어느 쪽이 아이디어 내기가 어렵나요?"

"항상 동사형 과제가 어려워요. 추상적이기 때문이지요. 혹시 지금 배 안 고픈가요?"

"어제 저녁 집에 찾아온 친구와 술 한잔 하느라 늦게 잠들어 아침을 못 먹고 왔는데 어떻게 아셨어요?"

"잘 되었네요. 지금부터 김밥을 만들어봅시다."

"정말입니까?"

"오해하지 마세요. 명사형 과제로 배고픈 당신을 위해 김밥을 다룰 겁니다."

배가 조금씩 고파 오는데 김밥소리를 들으니 더욱더 시장기가 느껴진다.

"1단계로 과제를 '김밥'으로 정했고, 2단계로 매개변수(Parameter 혹은 Major factor)를 정해야 하는데 대부분 명사형이면서 유형의 것은 과제의 주요 특성이나 혹은 과제를 이루고 있는 구성요소가 매개변수가 되는 경우가 대부분이에요. 그럼 김밥의 특성이나 구성요소는?"

"모양, 향기, 크기, 색깔, 길이, 용도, 주재료, 보조재료⋯."

"됐어요. 그 다음 단계는 매개변수 밑에 대안(Variation 혹은 Alternative)을 나열하는 과정이지요. 김밥 크기가 얼마 정도면 좋을까요?"

"콩, 탁구공, 토마토, 수박, 축구공, 냉장고⋯."

"배고프다고 하더니 점점 커지네요. 다음 크기는 트럭, 아파트, 이렇게 갈 건가요? 정리합시다."

[강의 노트 – 조합법 '김밥' 정리]

과제 : 김밥 만들기

	주재료	모양	향기	크기	색깔
1	치즈	하트	장미	귤	무지개색
2	바비큐 치킨	꽃	바나나	방울토마토	빨강색
3	과일	별	딸기	수박	금색
4	개고기	비행접시	누룽지	핸드폰	검정색
5	땅콩	마름모	솔잎	사과	노랑색

"K과장, 다음은 무엇을 하는 단계인가요?"

"매개변수에서 각 대안들을 무작위로 뽑는 단계입니다."

"그러면 예를 들어 주재료의 대안 5개 중에서 무작위로 뽑는 방법은 무얼까요?"

"글쎄요?"

"여러 가지 방법이 있을 수 있어요. 예를 들면 주사위 던지기, 주사위가 없으면 볼펜의 6각에 숫자를 써서 던지기, 각각의 종이에 숫자를 1~5까지 써서 던지고 하나를 줍는다든지."

"선생님, 왜 무작위 선택이 필요하죠?"

"만일 원하는 대로(작위) 선택하면 대안의 나열의 의미가 없지요. 바로 매개변수 밑에 원하는 하나의 대안만 들어올 테니까. 자, 던져 봅시다."

P선생님과 나는 숫자 쓴 볼펜을 던져 매개변수 별로 5번씩 던져 다음의 조합을 만들어 5단계 아이디어를 얻었다.

[강의 노트 – 5가지 김밥 아이디어 정리]

1. 땅콩 – 마름모 – 딸기 – 방울토마토 – 노랑색
2. 바비큐 치킨 – 하트 – 솔잎 – 귤 – 무지개색
3. 치즈 – 마름모 – 바나나 – 사과 – 금색
4. 치즈 – 꽃 – 바나나 – 핸드폰 – 무지개색
5. 땅콩 – 하트 – 딸기 – 수박 – 검정색

"우리는 여기서 아이디어를 5개로 제한했지만 5X5의 매트릭스에서 나올 수 있는 조합의 수는 얼마나 되겠어요?"

"5X5=25개지요."

"지금 정말 배가 고픈가보군요. 여기서 나올 조합의 수는 5X5X5X5X5 = 3,125개지요."

"그렇게 많아요? 그러면 질 좋은 아이디어가 3퍼센트라고 했으니까 34개 정도가 들어 있겠네요."

"계산이 정확하군요. 매개변수 10개, 그 밑에 대안 10개인 경우는 몇 개의 아이디어를 얻을 수 있을까요?"

"십에 십승이니까 100억 개 아닙니까?"

"맞아요. 이렇기 때문에 이 스킬은 아이디어를 많이 낼 수 있는 스킬입니다."

"예, 알겠습니다. 그런데요. 만일 다빈치가 이 방법으로 그림을 그렸다면 어떻게 그렸을까요?"

"미칼코는 책에서 인물화를 그릴 때 매개변수로 머리, 눈, 코, 입, 턱 등을 놓고 여러 가지 대안을 마련하여, 대안은 골이진 이마(머

리), 움푹 들어간 눈, 들창코, 내려간 입, 들어간 턱을 선택하여 그렸는데, 요즘 TV에서 가끔씩 소개되는 컴퓨터 합성을 통한 최고의 미인을 찾는 방법과 같아요. 그의 말이 맞다면 가끔씩 논쟁을 불러오는 모나리자 그림도 부분별 합성(조합) 방법으로 그렸을 테니까 모델은 존재하지 않을지도 몰라요."

"그렇겠네요. 그럼 이 스킬은 어디에 활용할 수 있을까요?"

"내가 강의를 하면서 교육생들에게 조사한 적이 있는데 아래 강의 노트를 보세요."

[강의 노트 – 조합법의 활용 가능 영역]

1. 제안 시 활용 2. 광고문안 작성 3. 틈새시장 개척 4. 신규 디자인 구상 5. 신제품 개발 6. 신시장 분야 개척 7. 제품 컨셉 포착 8. 교육성과 파악 9. 인력배처 10. 원가 분석 등

"위 강의 노트에 제시된 자료는 기업에서 강의 후 조사에서 나온 결과입니다. 그런데 최근에 신문사에서 공개강좌를 할 때 학원의 논술 선생님이 들어와서 공부한 다음에 한 말이 '대입 논술에 이 방법이 끝내준다' 이렇게 이야기하고, 동시통역사가 들어와 교육받은 후에 하는 말이 '몇 가지 경우의 수를 두고 매트릭스를 만들면 영어를 쉽게 배우는 길이 있을 것' 이란 이야기를 했어요. 모두 자기 분야에서 응용 가능하다는 이야기예요."

"굉장히 여러 곳에 사용 가능하군요. 여기까지 설명으로 명사형

은 알겠는데 동사형 과제를 알려주세요."

"동사형 과제는 여러 곳에 복병이 도사리고 있어요. 그만큼 힘들다는 이야기죠. 2단계, 5단계가 힘들어요."

"2단계면 매개변수 나열을 말씀하시는 것이네요."

"그래요. 명사형 과제인 경우 대부분은 매개변수가 결합되면 하나의 명사형 물건이 될 수 있지만 동사형은 그것이 불가능해요."

"그럼 2단계부터 어려움이 시작되네요."

"그렇죠. 강의 노트를 보세요."

[강의 노트 – 동사형 과제의 매개변수 만드는 법]

1. 과제를 보고 생각나는 주요 핵심언어를 찾는다.
2. 과제와 관련된 잡지나 신문 등에서 관련 단어를 찾는다.
3. 과제 해결을 위한 브레인스토밍하여 그 문장 속에서 핵심단어를 찾거나 혹은 브레인스토밍한 내용의 제목을 설정하여 매개변수로 사용한다.
4. 마인드 맵 제2단계에서 나온 과제와 관련된 주요 테마, 요소를 매개변수로 사용한다.

"힘들군요. 그런데 동사형 과제 매개변수를 만드는 방법을 소개해놓은 책이 있나요?"

"아직 그런 책을 본 적이 없어요. 그러니까 아마 제가 최초일지 몰라요."

"아, 그래요?"

"제가 처음에 시작할 때 한 말처럼 이 강의의 대부분은 거의 재해석, 연구 등을 통해 거듭난 것들입니다. 한국인의 체질에 맞게! 그래서 K과장도 이렇게 쉽게 접근이 가능한 거예요."

"고맙습니다!"

"자, 그럼 동사형 과제의 예를 통해 이해해보자고요. 1단계 과제는 '어떻게 하면 고객의 요구를 사전에 파악할 수 있을까?' 인 경우, 매개변수 만드는 법 '1. 과제를 보고 생각나는 주요 핵심언어를 찾는다' 를 적용하면?"

"수단, 용도, 빈도, 시기, 담당, 장소, 내용…."

"그만 됐어요. 그러면 수단의 대안은?"

"전화, 이메일, 방문, 편지, 종이비행기."

"정리해봅시다."

[강의 노트 – 동사형 과제 매트릭스 정리] – 매트릭스에 표시

과제 : 어떻게 하면 고객의 요구를 사전에 파악할 수 있을까?

	수단	빈도	용도	시기	담당
1	전화	분기별	복사지	여름	클레임 담당
2	이메일	월1회	교과서	봄	모니터 요원
3	방문	매일	벽지	가을	영업사원
4	최면	2시간마다	화장지	겨울	고객의 엄마
5	편지	핸드폰 울릴 때	신문지	첫눈 올 때	경비원

"선생님, 위 매트릭스에서 대안 중 최면, 화장지, 경비원 등 이상한 대안이 들어있어요. 잘못된 것 아닌가요?"

"예리하군요. 위 매트릭스는 실제 어느 제지회사 강의 때 교육생들이 만든 실습 사례예요. 그때 내가 매개변수별 대안 4와 5는 실제 그 회사에서 실시하지 않는 가상의 것을 넣어 매트릭스를 만들라고 지시했어요."

"그렇게 하신 특별한 이유라도 있나요?"

"브레인스토밍 '규칙 2. 자유스러운 아이디어 허용'을 염두에 두고 엉뚱한 아이디어를 요구하기 위해서죠. 이 매트릭스를 가상의 것으로 만들수록 새로운 아이디어의 접근이 가능해요."

"그러면 이상한 아이디어도 나올 텐데요?"

"걱정 없어요. 이곳에서 나오는 아이디어는 물론 다른 스킬 사용시 나오는 '이상한 아이디어'는 뒤에 배우는 '소원법'을 통해 처리 가능하니 그때 또 설명하기로 하죠. 그리고 이상한 아이디어에 대한 논의는 다음으로 미루기로 해요."

"알겠습니다."

"동사형 과제도 4단계는 명사형과 같아요. 무작위로 뽑아 조합을 만드는 거예요. 아래를 보세요."

[강의 노트 – 무작위 조합]

1. 방문 ─ 핸드폰이 울릴 때 ─ 벽지 ─ 가을 ─ 영업사원
2. 최면 ─ 2시간마다 ─ 복사지 ─ 봄 ─ 모니터 요원
3. 편지 ─ 핸드폰 ─ 교과서 ─ 첫눈 올 때 ─ 고객의 엄마
4. 편지 ─ 2시간마다 ─ 벽지 ─ 가을 ─ 경비원
5. 이메일 ─ 매일 ─ 화장지 ─ 봄 ─ 모니터 요원

"여기까지는 나름대로 쉽게 올 수 있는데 다음 5단계가 강적이에요. 5단계에서는 마인드 맵 5단계(4단계에서 나온 생각을 연결, 조합하여 아이디어를 만든다)처럼 무작위로 나온 단어를 연결, 조합하여 새로운 아이디어를 만들면 되요. 이때 주의할 점은 2가지가 있는데, 첫째는 반드시 과제에 대해 아이디어가 한 방향정렬(Alignment)로 되어야 한다. 둘째, 매개변수에서 선택된 5개의 대안이 아이디어를 만들 때 모두 활용할 필요가 없다. 즉 아이디어를 만드는 데 필요한 만큼의 수만 사용해도 된다는 뜻이죠."

"앞의 예에서 5개의 대안을 무작위로 골라 예시했는데, 실제는 1~2개만 사용해도 가능하다는 말씀이군요."

"그렇죠, 다음 예를 보시면 쉽게 이해가 갈 거예요."

[강의 노트 - 조합법 5단계 예]

1. 방문 - 핸드폰이 울릴 때 - 벽지 - 가을 - 영업사원
   아이디어 - 1) 가을마다 고객 제안 이벤트를 개최하여 무료 도배서비스 실시. 2) **벽지**도배를 전문으로 하는 사람들이 모인 곳을 **영업사원**이 **방문**하여 불만사항을 알아낸다.

2. 최면 - 2시간마다 - 복사지 - 봄 - 모니터 요원
   아이디어 - 1) **봄**철 사원 모집에는 **모니터 요원**은 '**최면**' 능력 보유자로 선발하여 복사기 사용자들에게 **최면**을 걸어 요구를 알아낸다. 2) **모니터 요원**을 통해 대학가 복사집의 매 2시간마다 잼 발생 빈도를 알아낸다.

3. 편지 - 핸드폰 - 교과서 - 첫눈 올 때 - 고객의 엄마
   아이디어 - 1) **첫눈이 올 때 고객의 엄마**에게 전화하여 감동을 주고 통화 도중

다른 이야기 중에 **교과서** 용지 시장조사를 한다. 2) 매월 학부모에게 안부편지를 발송하여 자녀의 **교과서** 용지 선호도를 조사한다.

4. 편지 – 2시간마다 – 벽지 – 가을 – 경비원

아이디어 – 1) 거래처 **경비원**에게 **벽지**를 주며 대표자 취향을 파악한다. 2) **편지**에 **가을**용 **벽지** 샘플을 담아서 고객의 평가를 받는다.

5. 이메일 – 매일 – 화장지 – 봄 – 모니터 요원

아이디어 – 1) **봄**마다 **모니터 요원**에게 종이옷을 입혀 고객 방문을 시킨다.
2) 월1회 고객을 대상으로 고객감동 **화장지** 아이디어를 공모한다.

"재미있는 아이디어도 많고, 특히 아이디어 수가 엄청 나겠군요."

"그래요. 아이디어 수는 이 방법을 사용하면 원하는 만큼 얻을 수 있어요. 그리고 이 방법은 명사형 과제의 해결 방법과 순서와 절차가 같아 일관성이 있어서 두 과제에 대한 해결법을 동시에 배우게 되어 좋습니다."

"그러면 이 매트릭스를 또 다른 방법으로 활용하면 더 많은 아이디어를 만들 수 있나요?"

"있어요. 이것을 응용하여 달리 아이디어를 내는 방법은 위 매트릭스에 나온 전체 대안을 각각의 포스트 잇에 옮겨 적고 나서 포스트 잇을 바닥이나 벽에 흩트려 붙여놓고 포스트 잇을 옮겨가보면 강제로 아이디어가 생기게 짜맞춰지는 방법이 있어요. 저는 이 방법을 '컨닝 브레인스토밍' 이라고 합니다. 조합법 실시를 위해 만들어놓은 대안들은 모두 과제와 관련된 것이기 때문에 우리가 평소처럼 자료 준비 없이 실시하는 브레인스토밍보다 과제에 대한 많은 자료를 준비해놓고 도움을 받아가면서(나는 이 방법이 '브레인스토밍 규칙 4. 남이 낸 아이디어에 편승하라' 원칙보다 좋은 '편승' 방법이라 생각함) 브레인스토밍하는 것이 훨씬 좋은 아이디어를 얻을 수 있어요. 만일 매트릭스를 가상으로 만들게 되면 새로운 아이디어를 더욱더 많이 얻게 되죠."

"그럴 수도 있겠네요."

멀고도 힘든 창의성 스킬, 그러나 서서히 윤곽이 드러난다.

가슴이 뛴다.

휴식 시간이 되자 P선생은 컴퓨터 앞에 앉아 이메일을 확인하던 중 "음, 또 왔군!" 하셨다.

"선생님 뭐가 또 왔단 말씀이세요?"

"응, 내 이메일에 초등학생들의 문의가 가끔씩 와요. 그런데 대부분은 선생님이 내준 숙제에 관한 문의지요."

"학생들의 숙제 문의는 주로 어떤 건가요?"

"선생님이 발명에 관한 숙제를 내주셨는데 너무 어려우니 대신 해달라는 이야기가 많아요."

"발명?"

"초등학교 발명교실에서 SCAMPER 스킬을 자주 사용하면서 선생님들께서 그것을 응용하는 과제를 숙제로 내주지요."

3) SCAMPER

"SCAMPER란 어떠한 스킬인가요?"

"우선 이것이 나온 배경을 살펴봅시다. 원조는 1940년대 브레인 스토밍을 만든 알렉스 오스본(A. F. Osborn)이 '체크 리스트'란 스킬을 만들면서 시작되었습니다.(지금도 광고회사에서 많이 사용) 그 후 밥 에버럴(Bob Eberle)은 체크 리스트에 내용이 너무 많고 기억하기도 어렵다면서 중요한 항목만 골라 기억하기 쉽도록 새로 정리해서 만들었는데, 그것이 'SCAMPER'란 스킬이에요. 강의 노트를 보세요."

[강의 노트 − SCAMPER 정의]

1. S = Substitute (대체하라)?
2. C = Combine (조합하라)?
3. A = Adapt (적용하라)?
4. M = Magnify (확대하라)? Modify (수정하라)?
5. P = Put to other uses (다른 용도로 사용하라)?
6. E = Eliminate (제거하라)?
7. R = Rearrange (재배열하라)? Reverse (뒤집어보라)?

"위 노트에 소개된 SCAMPER는 이미 존재하는 것에 SCAMPER를 적용할 경우 새로운 것이 만들어진다는 이야기입니다. 앞에서 SCAMPER에 대한 언급을 했는데 기억나요?"

"언제 하셨죠?"

"일본이 2차 세계대전 후 이미 나와 있는 것에 SCAMPER을 적용하여 경제대국이 되었다고 한 이야기에서…."

"예, 생각납니다."

"이 이론의 증거로 아래 그림 한번 보세요."

"어때요, 그림이?"

"예, 처음에는 남자의 얼굴에서 조금씩 변화를 주니 나중에는 여인의 모습이 되었네요."

"그게 바로 SCAMPER의 이론이에요. 그럼, 실시 방법을 알아봅시다."

[강의 노트 – SCAMPER 실시 방법]

1. 과제를 선택한다.

2. 선택한 과제를 2차 처리한다.

3. 처리된 과제에서 나온 목록에 SCAMPER의 질문을 던지고 난 후 새롭게 떠오르는 아이디어를 적는다.

"선생님 질문 있는데요. 단계 2에서 과제를 2차 처리한다는 의미가 뭐죠?"

"결과적으로 본 과제에 SCAMPER가 효과적으로 적용될 수 있도록 만드는 과정이죠."

[강의 노트 – 과제 2차 처리방법]

1. 명사형 과제 : 과제의 특징에 대한 목록을 작성하거나 또는 과제를 분해할 수 있으면 분해한 후 분해목록을 작성한다.

2. 동사형 과제 : 동사형 과제가 현재 수행되고 있는 절차 혹은 업무 흐름의 활동 목록을 작성한다.

"과제를 이렇게 2차로 목록 처리한 후 SCAMPER 스킬을 사용한다는 이야기죠?"

"그래요."

"그럼 실시 단계 3에서 목록에 대해 SCAMPER 질문 시 철자의 순서대로 질문해야 하나요?"

"그렇지 않아요. 어떤 순서든지 관계없고, 또 그 철자 중 하나만 사용해도 돼요."

"그렇군요. 그럼 SCAMPER를 예를 들어 설명해주세요."

"알겠어요. 하지만 여기서는 명사형 과제만 다룰 예정이에요."

"왜 동사형 과제는 설명하지 않을 생각인데요?"

"동사형 과제를 다루려면 업무 프로세스 맵핑을 실시해야 하는 등 범위가 너무 광범위해지고, 또 중요한 일부는 뒤에서 배울 소원법, 역전법 스킬이 대체할 수 있기 때문에 이곳에서는 생략하려고 해요."

(1) S=Substitute (대체하라)?

"선생님, 무엇을 대체하란 뜻인가요?"

"이것은 사물이나 생각의 기존 형태를 용도, 방법 등에 대한 새로운 것으로 대체하는 것을 뜻하는데, 목록에 다음의 질문이 유용할 거예요."

[강의 노트 - S를 위한 질문]

다른 누구? 다른 무엇은? 규칙의 변화는? 다른 성분은? 다른 재료는? 다른 과정은? 다른 에너지는? 다른 접근법은? 다른 음성은? 다른 장소는? 다른 과정은? 대신에 무엇? 등등.

"질문을 이용하면 편하겠네요. 그런데 이것이 적용된 예는 없습니까?"

"셀 수 없이 많아요. 신발이 운동화로, 진공전구가 아르곤전구나 가스전구로, 쇼핑백이 쇼핑카터로, 주판이 계산기로, 계산기가 컴퓨터로, 등등."

"분해해서 목록을 만든 뒤 SCAMPER를 적용한 예를 들어주세요."

"그럽시다. K과장, 우산을 가지고 왔네요?"

"일기예보에서 오늘 저녁에 비가 올지 모른다고 해서요."

"그러면 그 우산은 무엇으로 분해될 수 있을까요?"

"손잡이, 우산대, 천, 우산살로 되겠는데요."

"그래요. 그러면 손잡이 재질이 뭐죠?"

"나무입니다."

"그러면 나무를 고무, 플라스틱, 종이, 알루미늄, 철사 등으로도 대체 가능한가요?"

"예."

"어때요. 분해 후에 스킬을 적용하니 훨씬 쉽지 않은가요?"

"그렇군요. 분해하니까 쉽게 가능하네요."

"지금은 사물의 예이지만 사물이 아닌 경우도 있어요."

"뭔데요?"

"제가 마이클 미칼코와 함께 일하기로 하면서 그의 저서들의 한국 내 판권을 모두 저에게 위임하기로 했어요. 그리고 그의 책 제목인 '씽커토이(Thinkertoys)'를 강의를 위한 창의력 프로그램 제목으로 정하고, '대신에 무엇?'을 사용하여 '토이' 대신에 우리나라 사람들이 흔히 하는 말 중에 머리가 나쁜 사람을 '새머리' 또는 '돌머리'라고 불리는 것에 착안하여 '씽커버드(Thinkerbirds)'와 '씽커스톤(Thinkerstones)'이란 프로그램 명을 만들었어요."

"그러셨군요."

(2) C=Combine (조합하라)?

"조합하라는 말은 우리 주변에서 흔히 볼 수 있어요. K과장이 예를 들어보세요."

"연필과 지우개, TV와 VCR, 바퀴 달린 여행용 가방, 바퀴 달린 신발 등…."

"그래요. 그리고 최근에는 전자제품의 컨버전스(Convergence)나 퓨전(Fusion) 등이 결합하라는 것을 잘 나타내고 있어요."

[강의 노트 – C를 위한 질문]

아이디어 결합은? 목표결합은? 다른 주체결합은? 다른 주제결합은? 어떤 방법으로 결합? 물질결합은? 매력결합은? 등등.

"선생님 회사의 웹사이트 이름도 '조합하라'로 하지 않으셨나요?"

"맞아요. 웹사이트 이름을 만들 당시 처음 생각은 '21세기는 아이디어 시대'라고 만들어야지 생각하고 '그래 아이디어야'를 가지고 만들려 했는데, '래'의 영문 표시가 다른 사람들에게 혼돈을 줄 것 같아 Creativity와 Idea을 결합해서 Creidea로 만들었어요. 회사 로고도 Korea Creativity Center에서 약자로 KCC를 생각하다가, 'K 創意力 C'로 했다가 '創 KC'로 만들었어요."

"선생님께서는 이런 스킬을 생활 속에서 많이 사용하시는군요?"

"그렇죠. 창의성이란 무엇이다? ~ 생활이다."

P선생님은 웃으셨다.

(3) A=Adapt (적용하라)?

"이 방법은 기존의 원리나 방법을 형태를 변형시켜 다른 상황에 적용시키는 것이지요."

"그럼, 벤치마킹?"

"그렇죠. 그것이 '적용하라'의 대표입니다."

대한민국 창의력 교과서

과거에 유사한 것은? 또 다른 아이디어는? 이와 같은 또 다른 무엇은? 모방하면? 흉내내면? 운용하면? 이와 비슷한 것은? 나의 생각을 적용할 새로운 생각은? 등등.

"K과장, 당신이 쓰고 있는 안경은 무엇을 모방해서 만들었을까요?"

"글쎄요?"

"안경은 잠자리의 눈에서 모방한 것이고, 철조망은 장미가시를 흉내내서 만들었어요."

(4) M=Magnify(확대하라)? Modify(수정하라)?

"이 방법은 기존의 것의 일부(디자인, 기능, 색, 무게, 크기) 혹은 전부를 확대하거나 수정하는 방법이지요."

[강의 노트 – M을 위한 질문]

어떻게 개조? 무엇을 변형? 이름을 바꾸면? 의미, 색상, 소리, 구조, 형태를 변화시키면? 프로세스상의 변화는? 다른 포장은? 더 커지고 확장하면? 더 길게 하면? 더 강력하게 하면? 더 높이하면? 더 자주하면?

"K과장, 요즘 확대하는 경향이 있는 사물은 무엇이 있어요?"

"대형 TV, 크게 만든 햄버거, MP3 기능 등 …."

"그러면 수정되어 기능이 향상되는 것은?"

"MP3, 디지털 카메라, 컴퓨터, 자동차 …."

나는 자신 있게 대답했다.

"그런데 선생님, MP3는 확대, 수정에 함께 넣어 분류했는데 잘 못인가요?"

"그렇지 않아요. 창의성 스킬 사용의 목적이 아이디어를 내는 것이므로 스킬을 중첩하여 사용하건 하나만을 사용하건 아이디어만 내면 됩니다. 예를 들어 흘러가는 구름을 구경하고 싶다면 이 사무실에서 구경하나 옆 사무실에서 구경하나 마찬가지지요. 그리고, 조금 전 우산을 분해했는데 '천'을 2배로 확대하면 무슨 일이 생길까요?"

"'단체우산', 아니 '커플우산'을 만들면 되겠네요."

"그렇죠."

선생님은 나의 대답에 손뼉을 치셨다.

(5) P=Put to other uses (다른 용도로 사용하라)?

"K과장, 담배 피우세요?"

"예전에는 피웠는데 지금은 끊었습니다."

"그래요, 예전에 피울 때 재떨이가 없으면 어느 곳에 재를 털었나요?"

"그야 종이컵, 신문지, 대접 등 내 곁에 있는 것을 사용했죠."

"바로 그것이 '다른 용도로 사용하라'를 적용한 예랍니다."

[강의 노트 – P를 위한 질문]

다른 무엇이 사용될까? 새로운 용도는? 변형시켜 다른 용도는? 이것으로 다른 곳에는? 다른 사람은? 등등.

"숯은 예전에는 불을 피우는 것의 용도에서 요즘은 무슨 용도로 사용하나요?"

"장판, 화분, 정화수 …."

"쉽죠?"

"예, 그래서 초등학생들이 이 스킬을 많이 사용하는군요."

머릿속에는 해외에서 영어 때문에 고생하고 있을 딸이 생각났다.

(6) E=Eliminate (제거하라)?

"K과장, 지금 가지고 있는 핸드폰은 무엇이 제거된 건가요?"

"전화선이 제거됐죠."

"그래요. 이 스킬은 사물의 특정 부분, 성분, 기능 등을 제거하는 방법입니다."

[강의 노트 – E를 위한 질문]

무엇을 생략하면? 없애면? 간소화하면? 압축하면? 간결화하면? 가볍게 하면? 등등.

"우리 주변에서 옛날엔 있었지만 지금은 제거된 것은 무엇인가요?"

"소금이나 지방을 제거한 음식, 카페인 없는 커피, 무선 인터넷, 튜브 없는 타이어 …."

"좋아요. 그러면 우산에서 '우산대'를 제거하면 어떻게 될까요?"

"대가 없으면 머리에 쓰는 삿갓우산 어때요?"

"좋아요. 양손에 짐을 많이 들어 우산대를 잡기 어려운 사람에게 대단히 유용한 우산이 될 거예요."

(7) R=Rearrange (재배열하라)? Reverse (뒤집어보라)?

"이 스킬은 사물이나 일의 형식, 순서 등을 재배열하거나 뒤집어서 아이디어를 얻는 방법입니다."

[강의 노트 – R을 위한 질문]

거꾸로 하면? 반대로 하면? 역할을 바꾸면? 위치를 바꾸면? 프로세스를 바꾸면?
스케줄을 바꾸면? 원인과 결과를 바꾸면? 요소를 바꾸면? 순서를 바꾸면? 긍정
을 부정으로 바꾸면? 아래와 위를 바꾸면? 등등.

"K과장, 혹시 집에서 홈쇼핑을 통해 물건을 구입한 적은 없나요?"

"많습니다. 저와 아내가 맞벌이를 하다보니까 홈쇼핑이나 인터넷 쇼핑을 많이 해요."

"예전에는?"

"저나 혹은 아내가 마트나 백화점에 가서 사왔죠."

"그렇군요. 바로 그런 행위가 위 질문에 나와있는 프로세스나 역할이 바뀐 거지요. 요즘 많이 실시하는 재택근무, 변형근무제 등이 이런 방법으로 아이디어를 낸거죠. 이 방법은 뒤에 '역전법'이란 스킬편에서 다시 자세히 다룰 거예요."

유리창엔 빗방울이 흐른다. 우산 가져오길 잘했다는 생각을 했다.

어제 밤새도록 내리던 비는 멈추고, 오늘 아침 전철이 한강을 넘을 때 봄바람이 전철을 감싸고 돌았다. 이제 이 교육도 내일이면 끝난다. 좀더 힘을 내야겠다.

"선생님 오늘부터는 B영역 스킬을 공부하겠네요."

"B영역 스킬은 대단히 중요해요. 우리나라 사람들은 A영역 스킬만 공부하고 사용하고 있어요. 이런 행동은 테니스 시합을 하면서 포핸드(A영역 스킬) 스트로크만으로 게임에 임하는 아주 바람직하지 못한 방법이죠. 백핸드(B영역 스킬)도 함께 사용해야 좋은 시합을 할 수 있어요."

"그렇게 중요한 것이군요. 그러면 B영역 스킬에 관해 알려주세요."

3. B영역 스킬

1) 강제연결법

"선생님 B영역 스킬에서 강제연결법을 제일 먼저 공부하는 이유가 있나요?"

"있어요. 나는 이 세상에 나온 창의성 스킬 중에 하나만 사용해야만 한다면 강제연결법을 선택할 거예요. 그래서 나는 강제연결법을 '천기누설법' 이라고도 불러요. 신만이 가지고 있는 아이디어 내는 방법을 인간 세상에 가져왔다는 의미죠. 그 자세한 이유는 공부하는 동안 알려줄게요."

"선생님이 그렇게 중요하게 여기는 스킬을 빨리 배웠으면 좋겠네요."

"그래요. 그럼 공부합시다. 아래 강의 노트를 보세요."

[강의 노트 – 강제연결법 실시 방법]

1. 과제를 선택한다.

2. 새로운 아이디어를 찾기 위한 '징검다리' 를 선택한다.

3. 선택한 징검다리에서 '생각나는 것' 을 적는다.

4. 생각나는 것과 과제를 강제연결한다.

5. 아이디어를 기록한다.

"선생님, 노트에는 간단하게 적혀 있는데요?"

"그렇죠. 본래 간단할수록 좋은 거 모르세요? 간단! 간단!"

선생님은 주먹을 쥐고 흔드셨다.

"이 스킬이 특히 중요하다고 하셨으니 자세히 설명해주세요."

"중요하지만 예를 들어 설명하면 쉽게 이해갈 거예요. 복습 한 번합시다. 과제에는 무슨 과제, 무슨 과제가 있다고 했죠?"

"그거야 쉽죠. 명사형 과제, 동사형 과제가 있습니다."

"이렇게 질문하는 이유는 두 과제를 따로 설명하려고 그래요. 먼저 명사형 과제부터 봅시다.

앞의 노트에 나온 순서대로 1. 과제는 '시계' 만들기 2. 징검다리는 '나비' 3단계는⋯ K과장, '나비' 하면 무엇이 먼저 생각나요?"

"음 ⋯ 날 수 있다. 꽃을 좋아한다. 양쪽이 똑같다. 번데기에서 나비로 바뀐다. 꽃가루를 옮긴다. 더듬이가 있다 ⋯."

"그만하세요. 그러면 4단계로 '날 수 있다' 와 '시계' 를 강제연결해서 새로운 시계를 만들어보시지요."

"잘 못하겠는데요."

"'날 수 있다는 나비가 공간을 둥실둥실 떠다니는 거잖아요. 그러면 시계도 둥실둥실 떠다니는 '애드벌룬 시계' 를 만들 수 있잖아요."

"그렇군요. 그럼 제가 아이디어를 낼 수 있도록 다시 한번 생각나는 것을 말씀해주세요."

"음 ⋯ 이 꽃, 저 꽃 옮겨 다닌다."

"알람이 울리면 팔딱팔딱 뛰는 시계요."

"좋아, 좋아요."

K과장과 P선생이 주고받은 아이디어를 아래와 같이 정리했다.

[아이디어 정리 기록 — 5단계]

과 제 : 새로운 시계 만들기

징검다리 : 나 비

생각나는 것	아이디어
수명이 짧다	일회용 시계
여러 가지 색상	온도에 따라 색상이 변하는 시계
꽃향을 좋아한다	향이 나는 시계
독이 있다	경보용 발생장치가 내장된 치안 방지용 시계
더듬이가 있다	무인속도 · 음주측정 센서 부착 시계

"선생님, 이 방법 대단히 재미있습니다."

"그렇죠. 그런데 지금 나비라는 징검다리를 사용했는데 서점에서 파는 보통 '국어사전'에는 단어가 몇 개나 수록되어 있을까요?"

"글쎄요?"

"나중에 한번 확인해봐요. 보통 15만 개 이상 수록되어 있을 거예요."

"그렇게 많아요?"

"그럼요."

"그런데 그 숫자와 이 스킬이 무슨 관련성이 있나요."

"왜 갑자기 바보 같은 소리를 하시나요? '징검다리'로 단어를 바꾸어 사용하면 사람들의 '생각의 각도'를 바꾸어 새로운 아이디어를 얻을 수 있어요."

"그럼 엄청나게 많이 얻을 수 있겠네요."

"제 경험으로 이 방법을 조금만 연습하면 한 단어에 10개 정도의 아이디어는 충분히 낼 수 있어요. 그러면 수학적으로 15만 X10개 =150만 개. 그런데 이곳에 Go/Stop을 적용하여 'Go/Stop 강제연결법'을 사용하는 거예요. 그러면 아이디어 갯수는?"

"음 … 150만 개의 50퍼센트가 Go이고 2차 Go를 하면… 모르겠네요. 무조건 많을 것 같습니다."

"무한대까지 가능해요. 이렇게 징검다리에 '단어'를 이용하여 아이디어를 내는 방법을 '무작위 단어법(Random Word)'이라고 해요."

"선생님, 그러면 단어 말고 다른 것도 징검다리로 가능한가요?"

"물론이죠. 물건, 이미지, 그림, 음악 등 많은 요소가 가능해요. 이런 방법을 '무작위 투입법(Radom Entry)'이라고 해요. 그런데 단어를 징검다리로 사용하는 법을 알아두면 나머지도 원리가 같아요."

"그럼 무작위 단어법만 열심히 하면 된다는 말씀인가요?"

"그래요. 그렇다고 할 수 있어요."

"그러면 징검다리로 단어를 사용할 경우 왜 무작위로 해야 되죠?"

"앞의 강의 노트에서 2단계가 '징검다리'를 선택하는 과정인데, 이곳에 만일 작위한 방법(자기 원하는 단어를 골라넣는 방법)으로 단어를 설정하면 3, 4단계에 영향을 주어 결국 단어 설정을 통해 새로운 아이디어를 낸다는 스킬의 취지를 훼손하게 되며, 결국 브레인스토밍과 같은 결과를 초래하기 때문이지요."

"그러면 3단계에서 원하는 생각, 4단계에서 원하는 아이디어가 나온다는 말씀이신가요?"

"맞아요. 바로 이해하고 있군요. 그래서 이 스킬은 2단계에서 무작위 단어를 선택하고, 가장 중요한 단계가 3단계에서 4단계로 '강제연결' 하는 단계로서 그 과정이 가장 중요해서 '강제연결법' 이라고 불러요. 그리고 혹시 기억나요? 브레인스토밍을 할 때 '만들거나/지켜야 한다' 는 마음에서 오는 '금제작용' 을 벗어나려면 브레인스토밍으로는 어려운데 '징검다리' 를 활용하면 벗어날 수 있다고 한 말."

"들은 것 같기는 한데 …."

"바로 이곳에서 설명하는 3단계와 4단계를 정확하게 사용하면 금제작용에서 벗어날 수 있어요. 그래서 중요해요. 그런데 교육 중에 이 방법을 적용하면 많은 사람이 4단계인 아이디어를 찾고, 그 뒤 3단계로 오는 경우를 자주 봐요."

"왜 그런 현상이 생기죠?"

"자기 업무와 관련된 아이디어를 내려면 이미 자기들이 사용하는 익숙한 아이디어가 있어요. 고정관념을 깨야 하는데도 여러 가지 이유를 대면서 그것밖에는 아이디어가 없다고 생각하기 때문이지요. 그래서 단계를 지키는 것이 가장 중요합니다."

"선생님, 그러면 어떻게 무작위로 단어를 선택할 수 있나요?"

"강의 노트를 보세요."

[강의 노트 – 무작위 단어 선택법]

"1. 사전의 경우는 눈을 감고 아무 페이지나 펴서 첫 번째 나오는 명사를 찾아도 되고, 또는 쪽수와 줄수 혹은 몇 번째 명사 등을 지정하는 방법이 있어요. 무슨 책, 000쪽, 위에서 00번째 줄 두 번째 명사 이렇게도 되죠.

2. 다른 자료의 경우는 눈을 감고 손가락으로 아무 곳이나 누르고 손가락 밑에 혹은 가까운 명사를 사용한다.

3. 목록 사용법은 다음에 제시된 〈***무작위 단어 목록(224~226쪽)〉을 사용하거나 혹은 다른 목록을 만들어서 마음 내키는 손가락으로 짚어서 선택해도 되고, 또는 목록에 있는 단어에 1~60번까지 번호를 부여하고 시계의 초바늘을 이용하여 지금 시간이 15초면 15번을 선택하여 무작위 단어로 사용해도 됩니다.

4. 무작위 선택법은 '무작위 단어'의 목록을 조각으로 잘라서 유리병, 어항, 상자 등에 넣어놓고 아이디어를 낼 때 통을 흔들어 섞어서 꺼내어 쓰는 방법이지요."

"선생님, 4가지 방법 중 혹시 추천해주시고 싶은 방법은 어느 것입니까?"

"개인적으로 간편하게 사용한 경우는 시계이용법, 아이디어 회의가 자주 있는 곳에서는 4.무작위 선택법을 사용할 때는 여기에서 소개될 무작위 단어외에도 추가적으로 무작위 단어를 더 만들어넣고 실시하면 효과가 더 좋죠."

"알겠습니다. 이제 동사형 과제에 관해 알려주세요."

"동사형 과제도 명사형 과제와 같아요. 하지만 명사형 과제가 본래 유 · 무형이 대상이 되는데 유형의 경우는 만지거나 본 적이 있기 때문에 쉽게 접근할 수 있죠. 하지만 대부분의 동사형 과제는 추상적이기 때문에 좀더 많은 연습을 해야 해요. 이곳에서 강의 노트에 동사형 과제에 대한 예제만을 보여줄게요."

[강의 노트 – 강제연결법 동사형 과제 예]

과 제 : 어떻게 하면 회사를 홍보할 수 있을까?
징검다리 : 고래

생각나는 것	아이디어
새끼를 낳는다	유사한 사업을 하는 회사와 자매결연을 맺는다.
비늘이 없다	투명경영을 알리고, 함께 논의할 청문회를 개최한다.
많이 먹는다	음료회사에 협찬하여 홍보문구를 병이나 캔에 붙인다.
공놀이쇼	건물 옥상에 애드벌룬을 띄운다.
귀여운 캐릭터	회사 홍보 애니메이션을 제작한다.

"명사형 과제와 같은 방법으로 하는군요."

"그래요. 그런데 연습이 조금 필요하다는 것은 명심하세요."

*** 무작위 단어 목록

벤치	매듭	팥죽	감옥	다리
잡초	라디오	상처	압정	국자
옷장	곤충	쟁기	셔츠	수프
장비	주머니	파이프	맥주	화석
버터	계란	비행기	항아리	고기
잔가지	약	우산	동물원	세금
콩국수	박물관	돼지	괴물	원
창문	모래	쥐	지붕	메뉴
연기	책	코코넛	우표	하늘
하수구	라이터	진눈깨비	컴퓨터	엉덩이
노트	남자	포스터	사전	먼지
온도조절기	물	우유	로비	드럼
문어	안개	연기	갈비뼈	손가방
점심	저녁	잡지	미식가	램프
불고기	사포	VCR	열	대학
과일	폭풍	지렛대	향수	해시계
불꽃놀이	양철통	치즈	콧수염	차
혀	교황	독극물	햄	커피
노숙자	크리스마스	무리	여행	송사리
정치가	땅개	젤리	운동선수	인디언

풀루트	뱀	엄마	수학	여유
땅콩	전쟁	비키니	열쇠	애완동물
막대기	거품	골짜기	트로피	카드
별점	버튼	화살	우엉	시위대
썰매	영화	쓰레기통	용	하얀집
거북이	벽돌	유목민	수녀	진흙
해초	케첩	냉장고	폭탄	벌레
다이아몬드	행성	낙타	오페라	플라스틱
카멜레온	기차	사마귀	올리브	탁구공
마차	대리석	주사위	쿠폰	콘센트
거품	개미핥기	코피	텐트	바위
금	버섯	장례식	뚜껑	양파
횃불	차고	무덤	다락방	캔
비	하키	연어	택시	장어
콩	로켓	기저귀	엘리베이터	바지선
박쥐	잔디깎이	경련	구멍	돔모양
버스	부랑자	파리	천둥	클립
벨트	개미	왕관	타일	반딧불
책상	꿈	지문	지평선	달
게릴라	개울	이끼	잼	생물학

위	스카치	문신	현미경	밴드
제트기	다리	피스톤	바퀴벌레	정지신호
빵	의사	종이	칫솔	세금
우주선	보험	수평선	아파트	웅덩이
샴푸	체스	아이	연	독수리
고리	의상	궁수	천국	샌드위치
양심	운동화	분필	보드카	의자
당구대	자살	때	시험	지퍼
팔찌	구인광고	위성	사진	조끼
부츠	틀	게	헬리콥터	지프차
스케이트	세포	커튼	손	군인
호스	목걸이	만화	손전등	기념물
현미경	매트	마천루	지구본	지평선
선생	사파리	은행	상징	진공
지구	선풍기	마른풀	성냥	보드
가발	교차로	지진	막대기	접시
꽃	청사진	채찍	군청	티백
천사	국수	훈련	권투장갑	볼
오렌지	올가미	자물쇠	정글	오두막
선장실	뼈	여행	크레용	진공청소기

"알겠습니다. 연습하도록 하겠습니다."

"선생님, 무작위 '단어법'과 '투입법'은 실시하는 방법이 같다고 하셨는데 투입법을 실시할 경우 투입물에 관해 간단하게 설명해주세요."

"투입물은 스크린이나 프로젝트를 통해 그림이나 사진을 보여줘도 되고, 혹은 음악을 들려줘도 되요. 또 다른 방법으로 추천하고 싶은 것이 있는데, 팀원들이 해외출장을 갔다 올 경우 한국에서는 보기 힘든 조그만 물건을 사갖고 오도록 해서 큰 가방에 담아놓았다가 아이디어 회의 시간에 내용물을 꺼내놓고 하나씩 들고 가서 아이디어를 내는 방법입니다."

"그런데 한국에서 보기 힘들거나 음악이나 미술을 모를 경우 '징검다리'가 확실하지 않아 '징검다리'로의 사용이 어려울 것 같은데요?"

"그것은 상관없어요. 확실하지는 않지만 결국 징검다리란 '생각나는 것'을 유도하고 나면 제몫을 다하는 거예요. 잘 모르는 추상적인 것일수록, 다시 말해 비논리적일수록 새로운 아이디어를 낼 확률이 높아요."

"아! 징검다리 역할이 그런 것이었군요. 하긴… 맞네요. 생각나는 것에서 아이디어를 강제연결하기 때문에 아이디어를 얻기 위해서는 직접 징검다리가 사용되는 건 아니군요. 하지만 비논리적일수록 아이디어가 새롭다는 이야기는 무슨 의미죠?"

"앞 설명에서와 같이 무작위 단어를 선정할 때 왜 무작위로 선정해야 되는지에 관한 이야기와 같은 논리예요. 과제와 징검다리의 관계가 논리적으로 가까울수록 브레인스토밍과 같고, 과제와 징검다리가 비논리적으로 멀수록 새로운 아이디어가 나온다는 뜻이에요."

"의미는 알겠는데 과제와 징검다리가 논리적 관계란 어떤 관계죠?"

"예를 들면 이런 관계를 뜻해요. 과제가 '어떻게 하면 고객의 대기시간을 줄일까?'인 경우 징검다리로 '시간'과 관련된 '시계'가 들어가는 경우죠."

"그런 경우 시계라는 징검다리는 효과가 없을 것 같군요. 잘 알겠습니다."

2) 소원법(Wishful Thinking)

"K과장, 소원이 뭡니까?"

"제 소원은 많습니다. 32평형 아파트를 사는 것, 아이디어 도사가 되는 것, 어학연수를 간 딸이 잘 마치고 돌아오는 것 등입니다."

"K과장, 여기서 우리가 함께 배우려고 하는 '소원법'의 소원에는 지금 K과장이 이야기한 소원은 소원 축에도 못 들어갑니다."

"정말입니까? 왜 그렇습니까?"

"여기서 말하는 소원의 의미는 지금 K과장이 이야기한 것처럼 시간이 조금 흘러간 뒤 모두 이루어질 수 있다면 여기에서는 소원으로 취급하지 않습니다."

"그러면 왜 소원을 말하라고 말씀하셨어요?"

"그건 보통 사람들이 생각하는 소원은 소원이 아니라는 것을 알려주기 위해서죠."

"그럼 어떤 소원을 빌어야 하는데요?"

"그건 조금 뒤에 설명할게요."

"알겠습니다. 그런데 선생님, 소원법도 B영역 스킬이라고 하였는데, 강제연결법은 징검다리가 '단어'가 되어 이해가 쉬웠는데요, 이곳에서는 징검다리가 뭡니까?"

"좋은 질문이에요. 이곳에서 징검다리는 '소원'입니다. 즉 과제를 소원하고, 징검다리인 그 소원이 현실화되면 과제가 자동적으로 해결된다는 가정이죠."

"아하, 그러니까 소원을 잘못 빌면 과제 해결이 불가능해지거나 아이디어 한 방향정렬에 문제가 생기는 일이 생길까봐 소원이 중요하다고 하는군요."

"그렇죠. 이제 정말 아이디어의 도사가 되어가는군요."

선생님의 칭찬에 나는 절로 어깨가 올라갔다.

"자, 그러면 소원법은 어떻게 실시하는 건지 아래 강의 노트를 보세요."

[강의 노트 – 소원법 실행방법]

---

1. 과제를 선택한다.

2. 자신이 마술봉을 가졌다고 상상하고 과제에 관한 소원을 빈다.

3. 여러 소원 중에서 가장 대담한 소원을 선택한다.

4. 그 소원을 현실화하는 방법을 브레인스토밍한다.

5. 아이디어를 기록한다.

"알겠어요. 실행방법 2단계에서 보니 마술봉을 가졌다고 상상한다는 이야기는 어쩌면 현실에 존재하지 않을 수도 있겠네요."

"맞았어요. 그래서 조금 전 K과장이 이야기한 소원은 해당사항이 없다고 말한 거죠."

"그러면 3단계 대담한 소원이라는 것은 무슨 의미인가요?"

"마술봉을 가졌다고 상상하고 소원을 빌었어도 그 중에서 가장 엽기적이고 대담한 문장을 골라야 다음 단계에서 실시되는 현실화 과정을 통해 나오는 아이디어가 새로울 확률이 높기 때문에 그렇게 하는 거예요."

"그렇군요. 그런데 4단계 현실화하는 방법이 막연하게 '그 소원을 현실화하는 방법을 브레인스토밍한다'라고 되어 있는데, 현실화가 잘 될지 의심스러워요."

"이 부분에 대해서는 에드워드 드보노의 경우 현실화 과정을 이동(Movement)이라고 하여 즉흥적으로(Top of the Head), 추출(Extract Something), 차이점 주목하기(Focus on the Difference), 순간에서 순간으로(Moment to Moment), 긍정적인 측면(Positive Aspects), 특수 조건(Special Circumstances), 이 6가지를 통해 현실화해야 된다고 이야기하죠. 하지만 소원법에서 말하는 '현실화'를 실제 교육 장면에서 실시해보면 드보노의 즉흥적으로, 순간에서 순간으로 방법과 같은 결과를 얻어요. 그러나 너무 대담한 소원을 선택하여 도저히 현실화가 힘든 경우가 가끔씩 있는데, 이럴 경우 드보노의 추출방법을 사용해볼 만해요."

"선생님, 소원법에서 '현실화'하는 것을 원칙으로 하되, 현실화가 잘 안 되는 경우에는 추출방법으로 해결하면 된다는 뜻입니까?"

"그래요. 내가 소원법 스킬을 이용하여 과제를 해결하는 교육생들의 모습을 잘 관찰해보면 현실화 작업 중 어려운 것은 내가 추출방법을 설명하지 않아도 본인들이 알아서 그 방법으로 해결해요."

"그래도 추출방법을 알려주세요."

"추출방법이란 현실화하고자 하는 대담한 소원에 담겨있는 원칙, 개념, 속성 등을 추출하여 그것을 이용하여 아이디어를 현실화하는 방법을 말하는데 알려주지 않아도 잘 해요."

"선생님 또 질문 있는데요?"

"뭐죠?"

"현실화 단계는 꼭 브레인스토밍 스킬만 사용해야 하나요?"

"그렇지 않아요. 소원을 현실화할 수 있는 창의성 스킬은 어느 것이든지 상관없어요. 저는 강제연결법도 좋은 방법이라고 생각해요."

"실행방법에 대해서는 잘 알겠습니다. 그러면 예를 들어 실행방법을 설명해주세요."

"그렇게 합시다. 과제가 '어떻게 하면 안전사고를 줄일 수 있을까?' 하는 소원의 예입니다."

[강의 노트 ― 소원의 예]

과제 : 어떻게 하면 안전사고를 줄일 수 있을까?

〈소원〉

1. 모든 공정을 자동화하자.

2. 모든 직원을 로봇으로 만들자.

3. 사고가 날 때 바람처럼 나타나는 슈퍼맨을 만들자.

4. 사고 직전 시간으로 되돌린다.

5. 기계를 고무풍선처럼 약하게 만들자.

6. 사고 전 사고를 미리 예측가능하게 하자.

7. 로보캅처럼 자동안전장치가 부착된 안전복을 만들자.

8. 동물을 사람 대신 교육시켜 일을 시키자.

"정말 황당한 소원을 비는군요."

"그렇죠, 하지만 소원을 얼마나 잘 빌었냐가 과제 해결에 중요한 역할을 하기 때문에 이 스킬에서는 이 부분이 대단히 중요해요."

"그러면 다음에는 현실화 과정의 예를 들어주세요."

"이번에는 실제 교육시간에 교육생들이 작성한 다른 사례를 보여 줄께요."

[강의 노트 ― 현실화의 예]

과제 : 어떻게 하면 조직원들에게 품질 마인드를 갖게 할 수 있을까?

소원 : 불량을 한 건이라도 발생시키는 사람은 자살한다.

〈현실화 방안〉

1. 불량을 낸 사람에게 칼을 지급한다.

2. '품질 유언장'을 쓰게 한다.

3. 벌칙으로 번지점프를 100번 시킨다.

4. 맞아 죽으라고 클레임으로 열 받은 고객과 대면시킨다.

5. 파고 7미터 이상의 폭풍우 속에서 배를 타게 한다.

6. 불량을 낸 사람들은 오늘의 사망자 명단과 초상을 기재한다.

7. '애도 드립니다'라는 문구가 포함된 미니 관을 준비하여 경각심을 준다.

"상당히 새롭고 신선한 아이디어가 많네요. 그런데 선생님, 어제 저녁에 집에서 배운 내용을 정리하다보니 앞 강의에서 문제해결 시에도 소원법이 사용될 수 있다고 하셨는데 그 예를 하나만 들어주세요."

"그렇게 하도록 하죠. 예를 들어 Y라고 하는 회사가 고객들에게 항상 제품 배달이 늦다는 불평을 듣고 있다고 가정해봐요. 여기서 문제는 뭐죠?"

"고객이 원하는 배달시간과 이 회사가 행하는 실제 시간의 차이죠."

"맞아요. 그러면 이 회사의 업종은?"

"배달은 서비스업입니다."

"그렇다면 원인을 따질 필요가 없지요. 이 문제의 목표는?"

"어떻게 하면 제품을 신속하게 배달할 수 있을까?"

"좋았어요!"

선생님은 엄지손가락을 추켜올리셨다.

"자, 그러면 소원을 빌어보세요."

선생님과 주고받은 대화를 정리했다.

[소원 정리]

1. 배달원으로 슈퍼맨을 채용한다.
2. 주문과 동시에 고객이 원하는 장소에 도착한다.
3. 최종 거래처까지 지하 고속철도를 건설한다.

"K과장, 가장 대담한 소원이 어느 것인가요?"
"저는 배달원으로 슈퍼맨을 채용한다는 겁니다."
"그러면 현실화 방안을 찾아보세요."

[현실화 방안 정리]

1. 모든 운송수단 자격증을 가진 사람을 채용한다.
2. 모든 운송수단에 슈퍼맨 마크를 부착한다.
3. 이름이 '슈퍼맨' 인 사람을 채용한다.
4. 모든 물류담당자의 복장을 슈퍼맨 복장으로 변화시킨다.
5. 직원을 슈퍼맨 선발대회를 통해 선발한다.

"정말 이렇게 해결하면 되는군요. 그런데 소원법으로 문제를 해결하는 것이 평소 문제해결 시 나오는 아이디어보다 효과가 높은 아이디어가 나오는 것 같은데 왜 그런지 알 수 없네요."

"그것은 보통 아이디어를 내는 일반적인 창의성 스킬과 다른 소원법 만의 장점이 있기 때문이죠."

"무슨 장점이죠?"

[강의 노트 – 소원법의 장점]

1. 아이디어가 차별화된다.

2. 자유롭고 엉뚱한 아이디어를 구체적 아이디어로 만들 수 있다.

"선생님 아이디어가 차별화된다는 의미는 뭐죠?"

"그것은 제가 그림을 보고 설명하죠."

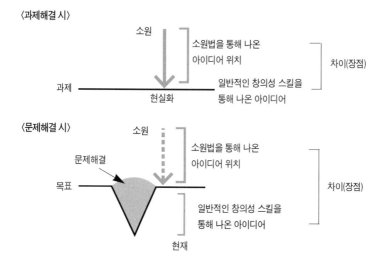

그림16. 아이디어 위치

"그림16을 보니 정말 그렇군요. 현실과 다른 상상 속에서 소원을 해결하려고 하니 아이디어 위치가 다르군요. 그렇다면 문제를 해결하는 데는 더 없이 좋은 방법이겠네요."

나는 흥분을 감출 수 없었다.

"맞아요. 그래서 다른 나라에서는 문제해결 방법으로 BTT(Break Through Thinking)가 많이 사용되는데 지금 배우는 소원법과 비슷하지만 절차가 정형화되어 있고 조금은 복잡해요."
"그럼, 저도 다음 기회가 되면 BTT를 공부해봐야겠네요."

점점 공부해야 할 영역이 많아지고 있음을 느낀다.

"선생님, 그러면 두 번째 장점인 '자유스럽고 엉뚱한 아이디어를 구체적 아이디어로 만들 수 있다'는 무슨 뜻인가요?"
"아, 그거요. K과장, 혹시 팀 내에서 아이디어 회의를 할 때 항상 '엉뚱한 소리' 한다고 팀장에게 핀잔을 듣는 사람은 없나요?"
"있죠. 제 옆 자리에 있는 정 대리예요. 항상 엉뚱한 소리를 해서 팀장한테 욕을 먹곤 하죠."
"바로 그거예요. 정 대리가 한 엉뚱한 이야기는 그날 아이디어 회의 주제에 관한 '소원'이란 이야기죠. 엉뚱한 이야기! 소원!"
"아, 그럴 수도 있겠네요. 만약 아이디어가 한 방향정렬만 되어 있다면."

그 동안 팀장과 함께 동조하여 정 대리에게 무례한 말을 한 내 스스로가 미웠다.

"그러면 그 다음 어떻게 해야 되죠?"

"그것이 소원이면 '현실화 방안' 을 찾으면 되겠죠."

"그래요. 소원법의 용도는 브레인스토밍 규칙 2. 자유스러운 아이디어, 조합법의 가상 매트릭스에서 나온 엉뚱한 아이디어 등 모든 엉뚱한 아이디어를 구체화할 수 있어요. 그럼 강의 노트를 보세요."

[강의 노트 — 엉뚱한 아이디어 처리법]

---

1. 아이디어가 현실에 존재하지 않고 상상 속에 존재하는 아이디어의 경우 :
   소원법의 현실화 작업 실시 후 Go/Stop 처리
2. 현실 속에는 존재하나 구체적이지 못한 경우 : Go/Stop 처리

"이렇게 정리하니 간결하고 좋습니다."

"질문 있나요?"

"없습니다."

"그러면 이거 하나 기억하세요. '이 세상에 버릴 아이디어는 하나도 없다. 다만 모르기 때문에 버린다' 는 말!"

"알겠습니다. 명심하겠습니다."

선생님과 함께 마시는 녹차 향기는 그윽했다.

3) 역전법

"선생님, 오늘 아침에 전철역 가판대에 놓인 경제신문 기사 제목 중에 '역발상을 통해 만든 히트상품'이란 것이 있었는데, 지금 제가 배울 내용과 관계가 있나요?"

"물론 있죠."

"그럼, 저희 사장님이 신년사에서 '올해는 우리 모두 뒤집어 생각하여 발상의 전환을 하는 한 해가 되도록 합시다'라고 하셨는데, 같은 의미인가요?"

"맞습니다."

"뭘 뒤집어야 한단 말입니까?"

"'기본가정(Assumption)'을 뒤집으란 뜻이죠."

"기본가정이 뭔데요?"

"기본가정은 우리 주변에 아주 많이 있어요. 예를 들어 부자면 행복할 것이다, 건강하면 오래 살 것이다, 값이 싸면 많이 팔릴 것이다, … 등등. 우리가 배운 것 중에서 시험에 나오는 가정도 있어요."

"어느 것이 시험에 나와요?"

"경제학에서 가격은 수요와 공급에 의해 결정된다. 이런 거지요. 혹시 K과장, 평소 우리가 가지고 있던 기본가정의 허를 찌른 에디슨 이야기 아세요?"

"모르겠는데요."

"그러면 양식집에 가면 식사 전에 뭐가 나오죠?"

"그야 수프죠."

"그러면 그 수프를 어떻게 먹나요?"

"후춧가루를 뿌리고 먹죠."

"후춧가루는 왜 뿌리죠?"

"수프에 안 넣었을 거란 가정에서죠."

"바로 그거예요. 에디슨에 관한 재미있는 일화가 있어요. 그가 입사지원자와 인터뷰할 때마다 점심식사에 초대하여 그 지원자들에게 수프 한 접시씩을 주문해주고 만일 지원자가 수프맛을 보기 전에 습관적으로 간부터 맞추면 그를 고용하지 않았다고 해요."

"왜죠?"

"그런 경우 지원자가 일상생활에 이미 길들여진 수많은 가정들을 가지고 있기 때문에 창의적으로 생각하도록 훈련하려면 시간이 많이 걸릴 거란 뜻이죠."

"그럼, 나처럼 맛도 보지 않고 후춧가루를 넣은 사람은 불합격이란 말씀이네요."

"그렇죠. 만약 그 시절 에디슨이 만든 회사에 입사하려고 했다면요."

"선생님, 혹시 에디슨이 만든 회사가 지금까지도 존재하나요?"

"그럼요. 잭웰치가 근무했던 GE는 에디슨이 만든 회사가 발전하여 오늘에 이른 거지요."

"아! 그렇군요."

"자, 이제 본래의 이야기인 역전법에 관해 알아봅시다."

"그러니까 역전법을 실시하려면 앞에서 말한 기본가정을 뒤집어야 한다는 말인가요?"

"그렇죠."

"선생님, 그러면 지금 배우는 역전법은 뒤집어진 가정이 징검다리입니까?"

"맞아요."

"그렇다면 뒤집는 방법을 알려주세요."

나는 자신감이 생겼다.

"너무 급하게 그러지 마시고 강의 노트를 한번 봅시다."

[강의 노트 – 역전법 실행방법]

1. 과제를 선택한다.
2. 과제와 관련된 기본가정 리스트를 작성한다.
3. 기본가정을 뒤집는다.
4. 다양한 시각을 통해 뒤집어진 가정을 보고 현실화 작업을 한다.

"선생님, 노트에 과제선택에 관해 나왔는데 명사형 과제와 동사형 과제를 달리 처리해야 하나요?"

"당연히 그렇죠. 두 과제의 기본가정이 달라요. 그러면 명사형 과제부터 시작합시다. K과장은 아내와 맞벌이를 하신다고 했는데, 그럼 아침식사는 어떻게 하세요?"

"그래서 아침에는 전쟁을 치릅니다. 지금은 딸이 집에 없어 조금은 덜해도 아내는 아이 챙기랴, 남편 출근 도와주랴, 정신이 없어서 아침식사는 주로 빵으로 때웁니다."

"그래요. 그러면 빵에 대해서는 많이 알고 있겠네요. 그럼 K과장이 자신의 아침식사로 '새로운 빵'을 만드는 것이 역전법을 위한 명사형 과제라고 생각해봅시다. 빵 하면 당연히 이래야 한다는 기본가정이 뭘까요?"

"나 같은 사람은 매일 먹으니 '값이 싸야 한다' '질리지 않도록 맛이 있어야 한다 …'."

함께 나눈 이야기를 정리하면 아래와 같다.

[정리 – 빵의 기본가정]

---

1. 물을 넣어 반죽한다.
2. 맛이 있어야 한다.
3. 저렴해야 한다.
4. 구워서 만든다.
5. 이스트가 필요하다.

"위 가정은 빵이라면 생각나는 가정을 정리한 거지요. 그러면 단계 3에서 기본가정을 뒤집는다고 되어 있는데, 물을 넣어 반죽한다를 뒤집으면?"

"물로 반죽한다. 그러면 물로 반죽하지 않는다. 간단하네요."

"그러면 정리합시다."

[정리 – 기본가정 뒤집기]

1. 물로 반죽하지 않는다.
2. 맛이 없어도 된다.
3. 비싸도 된다.
4. 굽지 않아도 된다.
5. 이스트를 넣지 않는다.

"자, 우리 과제가 뭐죠?"

"새로운 빵 만들기죠."

"그렇죠? 그러면 뒤집은 가정을 통해 '새로운 빵'을 만들어야 해요."

"힘들겠는데요. 어떻게 뒤집어서 빵을 만들 수가 있어요?"

"앞에서 배운 소원법의 현실화와 같은 작업을 이곳에서 하는 거예요. 밀가루를 물로 반죽하지 않으면 무엇으로 반죽하면 될까요?"

"기름, 우유, 녹차, 음료수, 바닷물 … 등등."

"됐어요. 그렇게 하는 거예요."

선생님과 나눈 아이디어에 대한 대화를 다음과 같이 정리했다.

[정리 – 아이디어]

1 – 1 우유(두유)로 반죽한다.
   2 오징어 먹물로 반죽한다.
2 – 1 한약재를 넣은 치료목적의 빵

"와! 정말 기존에 볼 수 없던 새로운 빵이 많이 생겼네요. 나도 노후에 제빵 기술을 배워 지금 나온 아이디어로 빵 가게나 차려야겠네요."

"아마 그때가 되면 이런 빵은 일반화되었을 거예요. 그러니까 아이디어도 적절한 '타이밍'이 중요해요. 이렇게 해서 명사형 과제는 끝났어요. 다음엔 동사형 과제인데, 그러면 동사형 과제에서는 무엇이 기본가정일까요?"

"글쎄요? 뭘까요?"

나는 천장을 쳐다보며 눈을 깜박거렸다.

"지금 생각을 해봐도 배우지 않았으니 모를 거예요. 우리는 지금껏 창의성 스킬을 통해 모든 동사형 과제를 해결해왔어요. 그렇다면 동사형 과제의 기본가정은 과제를 당연히 해결할 수 있다고 낸 아이디어가 기본가정이에요. 아이디어 한 방향정렬을 통해 아이디어를 냈다면 바로 그 아이디어가 기본가정이죠."

"맞네요. 과제를 당연히 해결한다고 아이디어를 냈으니까요."

"그러면 이번 동사형 과제는 내가 신문사 세미나에서 나왔던 사례를 보여줄게요. 광고회사에 다닌다며 교육에 참석했던 20대 후반의 여자 교육생이 하는 말이 일찍 홀로 되신 아버지가 자기를 오늘까지 키워주셨는데, 이제 철이 들고 보니 아버지와 대화를 많이 해야 하는데, '어떻게 하면 아버지와 대화를 잘 할 수 있을까?'를 과제로 제안한 사례가 있어요."

[강의 노트 – 동사형 과제 사례]

과제 : 어떻게 하면 아버지와 대화를 잘 할 수 있을까?

1. 함께 취미활동을 한다.
2. 대화를 많이 한다.
3. 서로의 세대를 이해한다.

"위 노트는 처음 브레인스토밍을 통해 과제를 해결하려고 아이디어를 낸 것이지요. 하지만 너무 식상해보이는 아이디어라서 이 아이디어를 '기본가정'으로 두기로 했지요. 그리고 이 가정들을 뒤집었습니다."

[강의 노트 – 기본가정 뒤집기]

1. 취미활동을 각각 다르게 한다.
2. 대화를 하지 않는다.

3. 서로의 세대를 고집한다.

"아! 이것도 현실화 방안을 만들기 힘들겠는데요?"

"그럴까요?"

"그럼요. 항상 힘드니까요."

"K과장 혼자만의 현상 아닐까요?"

"이제 저도 선생님 덕분으로 그 수준에서 서서히 벗어나고 있습니다."

"그래요. 다음을 봐요."

[강의 노트 – 현실화 방안]

1-1 상대방과 취미활동을 같이 해본다.

　-2 상대방의 취미활동에 필요한 것들을 선물한다.

　-3 상대방과 취미활동이 같은 꽃미녀를 소개시켜준다.

2-1 메신저 사용법을 알려주고 메신저로 의사소통한다.

　-2 매일 출근길에 편지나 쪽지를 준다.

　-3 가족신문이나 홈페이지를 만들어 서로의 생각을 나눈다.

3-1 각 세대를 대표할 수 있는 문화나 공간을 교차 체험한다.

　-2 각자의 역할이나 행동을 바꿔본다.

　-3 각자 친구를 바꿔 만나 대화한다.

"여기에시도 처음 브레인스토밍으로 얻은 아이디어보다 훨씬 좋은 아이디어가 많군요."

"그래요. 지금 이 역전법을 보면서 뭐 생각나는 것 없어요?"

"없는데요."

"정말입니까?"

"예."

"조금 전에 본 사례에서 처음에 무슨 창의성 스킬을 사용했다고 요?"

"브레인스토밍 스킬이요."

"그런데 왜 그 브레인스토밍 결과를 뒤집게 되었다고요?"

"아이디어가 식상해서요. 아! 알겠어요. 지금 선생님께서 하시고 싶은 말씀은 브레인스토밍을 했는데 좋은 아이디어가 나오지 않으면 '역전법'을 통하여 아이디어를 내라고 말씀하고 싶으신 거죠?"

"맞았어요. 바로 그거예요, 하지만 창의성 스킬을 브레인스토밍 하나로 제한하지 말고 또 어느 스킬인지 따지지 않고 나온 아이디어에 좋은 것이 없으면 모두 뒤집어서 현실화 작업을 한 번씩 더 하라는 이야기죠."

"알겠습니다. 고맙습니다."

내 머릿속엔 전구가 켜졌다.

밤하늘의 별들이 나를 보고 반짝인다.

| **토요일 강의** |

봄바람이 살랑살랑 부는 오늘은 발걸음도 가볍다.

"안녕하세요? 선생님!"

"어서와요. 벌써 오늘이 토요일이고, 마지막 날이네요."

"예, 처음 걱정과는 달리 시간이 빨리 흘러가 아쉽네요."

"그래도 잘 따라와줘서 고마워요."

4. 아이디어 프로가 되는 길

"K과장, 혹시 골프 하실 줄 아세요?"

"예, 조금합니다. 잘 치지는 못합니다."

"스코어가 어느 정도인가요?"

"한 90개 정도 칩니다."

"잘 치네요. 친교를 위해서는 적당한 스코어라는 생각이 드네요. 혹시 처음 필드에 나간 이야기를 해주겠어요?"

"처음이요. 저는 안 좋은 추억이 있습니다."

"어떤 추억인데요?"

"제가 골프를 한 달 정도 배워서 이제 막 7번아이언 정도 칠 수 있었을 때 고교동창 골프대회가 있었어요. 그런데 선수로 참가할 동창생이 갑자기 해외출장을 가는 바람에 대타를 찾다가 그래도 골프채를 잡아본 사람이 나을 거라며 친구들이 나를 추천하는 바람에 엉겁결에 나가게 되었죠."

"그래서 어떻게 했어요?"

"저는 7번 아이언밖에 칠 줄 모르니까. 드라이버샷(티샷)도 7번 아이언, 웨지샷도 7번 아이언, 칩샷, 퍼팅, 벙커도 골프채 하나로 18홀을 다 돌았죠. 그런데 골프 이야기는 왜 하세요?"

"재밌잖아요. 그리고 우리가 배운 창의성 스킬 중에도 골프의 7

번 아이언 같은 것이 있어요."

"그럼 저처럼 아이디어 18홀을 다 돌 수 있다는 말씀이신가요?"

"그래요."

"그게 어느 스킬이죠?"

"Go/Stop 브레인스토밍과 강제연결법이죠."

1) 창의성 스킬의 7번 아이언

"Go/Stop 브레인스토밍은 어느 영역 스킬인가요?"

"A영역 스킬이죠."

"그러면 강제연결법은?"

"그것은 B영역 스킬입니다."

"그런데 A영역 스킬인 Go/Stop 브레인스토밍 하나로, 혹은 B영역 스킬인 강제연결법을 각기 단독으로 사용하는 것으로는 아이디어 프로가 되기 힘들어요. 지금까지 배운 창의성 스킬을 결합하여 시너지 효과를 내야 진정한 프로죠."

"스킬을 결합한다고요? 그 이야기가 가능한 이야기인가요?"

"물론이죠. 창의성 스킬을 배울 시간이 없거나 혹은 기본적인 아이디어만 필요한 사람들은 Go/Stop 브레인스토밍과 강제연결법 2가지 스킬만 배워 결합해 사용한다면 더 이상 배울 필요가 없어요. 이것은 K과장이 처음 7번 아이언 하나로 골프를 한 것과 같아요. 그러나 7번 아이언 한 개만 가지고는 타이거우즈가 아니라면 100 이하의 스코어는 힘들죠. 그 이하의 더 좋은 성과를 얻으려면 나머지 골프채도 모두 배워 골프장 여건에 맞는 골프채를 사용해야 해요.

아이디어를 내는 것도 이와 마찬가지예요."

"선생님, 그럼 이곳에서 배운 스킬 이외에 더 배워야 된다는 말씀인가요?"

"아닙니다. 어떻게 연습하느냐에 따라서 다르겠지만 이곳에서 배운 것만으로 충분합니다."

"알겠습니다. 그럼 결합해서 사용하는 방법을 알려주세요."

"알겠어요. 복습 질문 하나 할께요. Go/Stop 강제연결이 가능한가요? 불가능한가요?"

"가능하죠."

과제 : 어떻게 하면 ~을(를) ~할 수 있을까?

(브레인스토밍)

1	Ⓢ		14	Ⓖ	26		
2	Ⓖ	(단어)	15	Ⓢ	27		
3	Ⓢ		16	Ⓖ	28		
4	Ⓢ		17	Ⓢ			
5	Ⓖ	(B/S)	18	Ⓢ		29	
(단어)			19	Ⓖ	(단어)	30	
6	Ⓖ		20	Ⓢ		31	
7	Ⓢ		21	Ⓖ	32		
8	Ⓢ				33		
9	Ⓢ				34		
(단어)			22	Ⓢ	35		
10	Ⓖ	(단어)	23	Ⓖ	(단어)	36	
11	Ⓖ		24	Ⓢ	37		
12	Ⓢ		25	Ⓢ	38		
13	Ⓢ						

[참고] ⅰ) 여기서 '단어'는 강제연결법의 '징검다리'의 의미
ⅱ) 1, 2 등의 번호는 아이디어 번호
ⅲ) 6, 11 등의 Go에는 2차 아이디어를 내야하나 지면 관계상 생략

그림17. Go/Stop 브레인스토밍과 Go/Stop 강제연결법 결합

"맞았어요. 그러면 그림17을 보세요."

"와! 대단하네요. 엄청난 수의 아이디어를 낼 수 있군요."

"K과장의 회사에서는 어느 정도까지 아이디어를 내나요?"

"저희 회사의 경우 ①, ②, ③, ④, ⑤ 정도면 끝나지요. 그런데 선생님, 이렇게 아이디어가 많으면 서기가 정리하기가 힘들겠어요."

"이럴 경우 각자 서기가 되는 방법은 뭐죠?"

"글쎄요?"

"배웠어요. 포스트 잇을 사용하여…."

"알겠습니다. Quick Go/Stop이죠."

"그래요. Quick Go/Stop 강제연결법도 가능하지요. 그림17을 Quick Go/Stop 브레인스토밍과 Quick Go/Stop 강제연결법으로 나타내면 그림18과 같아요."

과제 : 어떻게 하면 ~을(를) ~할 수 있을까?

Ideas	Go	Stop
1 2 3 4 5 6	2 5 6 10	1 3 4 7 8 9
7 8 9 10 11 12	11	12 13
13		

그림18. Quick Go/Stop 브레인스토밍과 Quick Go/Stop 강제연결법 결합

"이렇게 하면 쉽겠네요. 그리고 아이디어 관리도 쉽겠는데요?"

"그래요. 나중에 포스트 잇만을 떼어 '아이디어 함'에 보관하면 됩니다."

"아이디어 함이 무엇인가요?"

"아이디어 함이란 아이디어 회의에서 나온 아이디어를 한 곳에 모아 두었다가 다음에 같거나 비슷한 과제가 나오면 꺼내 쓰는 함이에요. 한약방에 있는 한약 재료가 담긴 서랍처럼 보관하면 되는 거죠."

"그거 좋은 방법이네요. 아이디어 회의 후 나온 아이디어를 모두 버리는 것이 아니고 남겨놓았다가 다시 쓴다. 더욱더 포스트 잇이 편하겠네요. 또 다른 창의성 스킬 결합방법은 없습니까?"

2) 창의성 스킬 결합

"꼭 정해진 방법은 없으나 K과장이 필요한 것을 결합하면 됩니다. 예를 들면 기타는 6줄, 그리고 색은 빨강, 노랑, 파랑 이렇게 삼원색만 가져도 이들이 함께 결합되어 음악을 만들거나 그림을 그리는 데 응용될 경우 그들의 변화는 우리가 관찰할 수 없을 정도로 많지요.

창의성 스킬도 그렇게 결합하여 사용하도록 해요. 예를 들어 브레인스토밍을 했는데 좋은 아이디어를 얻지 못했다. 이럴 땐?"

"그 아이디어를 기본가정이라고 놓고 뒤집어 아이디어를 새로 얻는다."

"그렇지요. 마인드 맵을 한 후 좋은 아이디어를 얻지 못하면?"

"마인드 맵 중에서 나온 주요 테마, 요소 등의 목록을 조합법의 매개변수로 사용한다."

"조합법에서 가상의 매트릭스를 만들어 엉뚱한 아이디어가 생성되면?"

"그것은 소원법의 소원으로 취급하여 현실화 작업을 실시한다."

"아이디어가 상상 속에 있으면?"

"그것도 소원법의 소원으로 본다."

"아이디어가 현실 속에 있으나 행동으로 불가능하면?"

"그런 아이디어는 Go / Stop 처리한다."

"오케이 합격!"

나는 기분이 좋았다.

5. 아이디어 평가 및 수정

1) 아이디어 평가

"이제 마지막 과정인 평가와 수정에 대한 과정이네요."

P선생님은 아쉽다는 듯이 말씀하셨다.

"예, 정말 숨가쁘게 일주일이 지나갔어요. 태어나서 대학입시 때와 지난 일주일 동안 최고로 열심히 공부했어요."

"그건 내가 인정해요. 중간 중간 질문을 별 막힘 없이 대답할 수 있다는 것은 나와 헤어진 후에도 집에서 많은 공부를 했다는 증거니까요."

"예, 그렇습니다. 매일 새벽 3시까지 공부했어요. 그러면서 결심했어요. 꼭 상반기 우리 회사의 '제안왕'이 되어 아이디어 때문에 나를 괴롭히는 팀장에게 복수할 거라고요."

"K과장, 복수라니요. 그분에게 감사의 인사를 해야 해요. 왜냐하면 당신이 평생 가지고 갈 경쟁력을 키울 기회를 제공했잖아요."

"걱정하지 마세요. 비록 팀장님께는 창의성에 관해 교육을 받는다고 말씀을 드리지 못했지만 이제는 당당하게 말할 수 있어요."

나도 모르게 주먹에 힘이 불끈 들어갔다.

"자, 이제 시작합시다."

"선생님, 아이디어 평가라고 하니까 걱정이 많이 됩니다."

"왜죠?"

"실제 회사에서는 15개 정도의 아이디어가 나와 한눈에 보고 쉽게 평가할 수 있었는데, 여기서는 아이디어 수가 너무 많을 것 같아서요."

"그런 걱정은 하지 마세요. 그런데 물어볼 게 하나 있어요."

"무엇입니까?"

"회사에서 아이디어 회의 후 나온 15개 아이디어를 어떻게 평가해서 고르나요?"

"아, 그거요. 우리 팀원들이 아이디어를 내면 나중에 팀장이 '이거 괜찮네' 하면 바로 선택하죠."

"그래요. 제가 실망스러운 통계 하나 알려드릴까요?"

"무슨 통계요?"

"제 교육생들에게 10개 정도의 아이디어 중에서 처음에는 교육생들이 맘에 드는 좋은 아이디어 하나를 선택하라고 해서 고르게 해요. 그리고 두 번째는 그들에게 가르쳐준 평가방법으로 평가한 후 선택된 아이디어와 비교하게 합니다. 그렇게 하면 같은 아이디어가 선택될 확률이 50퍼센트 미만이에요."

"설마요?"

"설마가 아니에요. 많이 실험해봤어요. 직관으로 뽑은 경우와 평가법에 의해 뽑은 경우가 같을 확률이 아이디어 10개의 경우는 50퍼센트, 20개의 경우는 20퍼센트, 30개의 경우는 거의 0퍼센트예요. 그런데 이것은 교육생들이 합의라는 과정을 거치고도 이 정도인데, 만일 K과장이 다니는 회사처럼 팀장의 단독선택으로 결정된 경우 정말 좋은 아이디어를 뽑을 확률은 더욱 낮아질 거예요."

아! 이 이야기는 나에게 또 한 번 충격이었다.

"그럼 정확한 아이디어 평가를 위해 빨리 평가법을 배워야겠네요. 그런데 회사에 다닐 때에는 아이디어가 적게 나와서 걱정이었는데, 지금은 아이디어가 너무 많아서 걱정입니다."

"행복한 걱정을 하네요. 근데 왜 걱정이죠?"

"아이디어가 많으면 좋은 아이디어를 선택하기 힘들고 시간도 많이 걸릴 테니까요."

"그런 걱정은 하지 마세요. 아이디어가 많은 경우도 제가 만든 방법으로 아이디어를 평가하면 쉽게 할 수 있어요."

"선생님이 만든 방법으로 쉽게 할 수 있다고요?"

"그래요. 이 방법을 사용하면 좋은 아이디어를 채택한다는 것이 생각만큼 어렵지 않아요. 강의 노트를 보세요."

[강의 노트 – 아이디어 평가방법]

1. 아이디어 평가기준을 만든다.
2. 평가기준의 우선 순위를 둔다.
3. 제2단계에서 정한 우선 순위대로 평가를 실시한다.

"강의 노트는 정말 간단하네요. 그런데 아이디어 평가기준은 어떻게 만들죠?"

"아이디어 평가기준은 '과제'에 따라서 달리 만들어야 해요. 즉 이 과제는 무엇을 평가기준으로 정하면 좋은 아이디어가 선택되고, 과제를 잘 해결할 수 있을까를 기준으로 만드는 거죠."

"그러면 평가기준에는 어느 것이 될 수 있는지 예를 들어 설명해 주시지요."

"평가기준은 참가자들이 브레인스토밍을 통해 내는데, 과제가 금전에 관련성이 있으면 경제성, 또 이것은 무엇보다 효과가 있어야 한다고 생각하면 효과성, 이런 방법으로 기준을 설정하면 되지요. 구체적인 예는 실현가능성, 준법성, 파급성, 긴급성, 차별성 등으로 과제에 따라 달리 정할 수 있어요."

"그렇군요. 그러면 우선 순위는 어떻게 결정하나요?"

"이것 역시 과제를 보고 결정해야 되는데 참가자들의 합의를 통해 결정하면 돼요. 위 예에서 정한 기준은 경제성, 효과성, 실현가능성, 준법성, 파급성, 긴급성, 차별성이라면 ① 실현가능성, ② 효과성, ③ 차별성, ④ 경제성, ⑤ 준법성, ⑥ 파급성, ⑦ 긴급성으로 정하면 됩니다."

"그러면 제2단계에서 정하는 기준에 따라 3단계 평가를 하면 되는데 평가 시 주의사항은 없나요?"

"물론 있죠?"

"무엇을 주의해야 하나요?"

"평가 시 우선 순위에 따라 평가하는데 예를 들어 평가 대상 아이디어가 200개이며, 이 중에서 평가를 통해 1개의 아이디어를 선택한다고 가정할 경우 우선 평가 2단계에서 우선 순위가 제일 빠른 ① 실현가능성으로 평가하려고 할 때 그 아이디어가 실현가능성이 가장 높으면 A, 그 다음이면 B, 가능성이 희박하면 C라고 정하죠. 아이디어 200개를 모두 실현가능성 하나의 평가기준으로 평가하고, 그 결과 아이디어 수가 A는 50개, B는 100개, C는 50개로 평가되었다면, 그 다음 단계인 ② 효과성으로 평가할 시에는 A로 평가된 50개만이 대상이고, 그 다음 단계에도 같은 방법으로 평가하여 아이디어 수를 줄이는 게 방법이지요. 이런 방법으로 평가하면 아이디어가 아무리 많아도 좋은 아이디어를 짧은 시간 내에 쉽게 평가한 후 선택할 수 있어요."

"그러면 결국 모든 평가기준을 통과한 것이 좋은 아이디어가 되는군요."

"그렇지요. 학생의 경우 전 과목을 A학점 받으면 우수한 학생이란 것과 같은 이치지요. 이 이야기를 앞에서 다룬 사례를 통해 다시 설명할게요."

과제 : 어떻게 하면 조직원들에게 품질 마인드를 갖게 할 수 있을까?

"선생님, 세미나에 참석한 사람들은 위 과제를 가지고 어떤 평가 기준을 설정했나요?"

"그때 참가자들이 브레인스토밍을 실시하여 평가기준을 도덕성, 경제성, 효과성, 파급성, 실현 가능성을 선정했어요. K과장, 그 다음 단계는?"

"우선 순위 설정단계죠."

"맞아요. 그래서 참가자들이 토의 뒤에 우선 순위를 ① 실현가능성, ② 경제성, ③ 효과성, ④ 파급성, ⑤ 도덕성으로 선정했어요."

"그 다음 단계는 실현가능성으로 평가하는 단계죠?"

"그렇지요. ① 실현가능성을 A, B, C, ② 경제성을 1, 2, 3, ③ 효과성을 가, 나, 다, ④ 파급성을 갑, 을, 병 ⑤ 도덕성을 X, Y, Z로 구분하기로 했어요. 아래를 봐요."

[아이디어 평가]

1. 불량을 낸 사람에게 칼을 지급한다. A, 1, 가, 을

2. '품질 유언장'을 쓰게 한다. A, 1, 가, 갑

3. 벌칙으로 번지점프 100번 시킨다. B

4. 맞아 죽으라고 클레임으로 열받은 고객과 대면시킨다. A, 2

5. 파고 7미터 이상의 폭풍우 속에서 배를 타게 한다. C

6. 불량을 낸 사람들은 오늘의 사망자 명단과 초상을 기재한다. A, 1, 나

7. '애도 드립니다'라는 문구가 포함된 작은 관을 준비하여 경각심을 준다. A, 1, 나

"처음 실현가능성에서 A등급을 맞은 항목은 1, 2, 4, 6, 7로 다음 기준인 경제성 평가의 대상이 되었지요. 그래서 선택된 아이디어는 1, 2, 6, 7이었고, 다음 기준인 효과성을 통과한 아이디어는 1, 2였고, 다음 기준인 파급성에서 마지막 2번이 가장 좋은 아이디어로 선정됐어요."

"정말 합리적인 방법으로 아이디어를 선택하네요. 우리 팀장이 '그것' 하고 선정하는 것이 왜 틀릴 수 있는지 알겠어요. 그런데 선생님, 포스트 잇을 통해 아이디어를 낼 경우는 어떻게 해야 하나요?"

"그것도 방법은 같아요. 다만 아이디어가 포스트 잇에 쓰여 있는 것만 다르죠. 그래서 평가단계 1, 2단계는 같고 3단계만 다르게 하면 돼요. 앞의 예로 포스트 잇에 의한 평가를 실시한다면 그림19와 같지요."

과제 : 어떻게 하면 ~을(를) ~할 수 있을까?

등급	실현가능성	경제성	효과성	파급성	도덕성
A	1 2 4 6 7	1 2 6 7	1 2	2	
B	3	4	6 7	1	
C	5				

그림19. Quick Go/Stop의 아이디어 평가

"어때요? 간단하게 평가할 수 있잖아요."

"정말 간단하네요! 아무리 많은 아이디어도 이런 평가 방법을 사용하면 아주 쉽게 평가하여 좋은 아이디어를 선택할 수 있겠네요. 선생님 고맙습니다."

2) 아이디어 수정

"선생님, 이제 마지막으로 아이디어 수정에 관해 배울 차례인데요. 아이디어 수정이 꼭 필요한 단계인가요?"

"꼭 필요하죠. 만일 아이디어 평가를 통해 선택된 아이디어가 완벽하다면 수정 단계가 필요하지 않을지도 모르지만 완벽한 아이디어가 존재하지 않을 뿐더러 완벽하다고 생각한 아이디어도 수정을 위한 평가단계를 한 번 더 거쳐야만 완벽한지 알 수 있어요. 마치 본인이 건강하다고 생각하는 사람도 병원에 가서 건강검진을 받아야 건강한지 아닌지 알 수 있고, 아픈 곳이 발견되면 치료하는 것과 같은 이치지요."

"선생님, 조금 전 아이디어 수정을 위한 평가단계라고 하셨는데 앞에서 배운 아이디어 평가와 지금 말씀하시는 평가는 다른 건가요?"

"앞에서 배운 아이디어 평가는 창의성 스킬을 이용하여 만들어진 많은 아이디어 중에서 가장 좋은 아이디어를 고르는 방법이었고, 지금 말하는 아이디어 수정을 위한 평가는 아이디어 평가 후 선택된 1개의 아이디어 자체를 평가하는 것을 의미해요."

"그러면 완전히 다른 의미의 평가네요."

"그래요. 그런데 K과장은 왜 아이디어 수정에 관해 의문을 제기하지요?"

"저는 회사에서 거의 매일 아이디어 회의를 하지만 한 번도 아이디어 수정이라는 것을 해본 적이 없어서 그렇습니다."

"그러면 K과장이 다니는 회사의 경우 팀장이 선택한 아이디어가 100퍼센트 실천가능한가요?"

"아닙니다. 대부분은 조금 시작하다 그만두고 다시 다른 아이디어를 찾죠."

"왜 그렇다고 생각하세요?"

"제 생각에는 시행을 하려면 생각하지 못한 문제가 발생해 대부분 멈추지요."

"바로 그거예요. 이 수정의 단계는 미래에 발생할 문제를 미리 점검하고 예방 조치하여 실행의 확률을 높이기 위한 단계죠."

"미래에 발생할 문제가 뭐죠?"

"그것은 아이디어에 따라 다르지만 아이디어가 조직 상황에 맞는지, 예산은 확보되어 있는지, 조직에서 아이디어가 수용 가능한지 등 이런 것들이 미리 점검되어야 해요."

"알겠습니다. 그러면 아이디어를 수정하는 데도 스킬이 있습니까?"

"아이디어 수정에 관한 특별한 스킬이 존재하지는 않으나 수정을 해야 하는지 아닌지를 판단하는 아이디어 수정을 위한 평가 스킬이 필요해요. 아래 강의 노트를 보세요."

[강의 노트 – 아이디어 수정을 위한 평가 스킬]

1. P.M.I (Plus, Minus, Interesting)

2. A.L.U (Advantage, Limitation, Unique Qualities)

3. T.L.C (Tempting, Lacking, Changing)

"강의 노트에 3가지 스킬을 제시했는데, 대부분 비슷해요. 그래서 PMI 스킬 하나만 설명하려고 해요."

"알겠습니다. 그런데 PMI는 누가 만들었어요?"

"PMI는 에드워드 드보노가 만들었어요."

"선생님, 공부 중에 가끔씩 에드워드 드보노 말씀을 하셨는데 그가 누구죠?"

"그 분은 창의력 · 사고력 분야에서는 세계적인 권위자입니다. 그의 고향은 지중해에 위치한 '몰타'라는 섬인데 주로 영국에서 의학과 심리학을 공부했고, 런던의 캠브리지와 옥스퍼드, 미국의 하버드 대학 교수를 역임했어요. 또한 그가 만든 '수평적 사고(Lateral Thinking)'란 개념이 옥스퍼드 사전에 등록될 만큼 이 분야에 대해서는 세계적인 권위를 인정받고 있지요."

"그러면 한국의 드보노는 혹시 선생님?"

"에이! 농담은… 오래 전 드보노에 심취하여 그의 대표적 프로그램인 수평적 사고(Lateral Thinking)에 관한 강사 자격증을 외국에서 취득한 적이 있어요. 그러니까 그는 한마디로 저의 정신적 멘토지요."

"그러면 PMI가 무슨 의미인가요?"

"PMI는 우리가 내는 아이디어에 대해 영어 해석처럼 P는 '긍정적인 점', M은 '부정적인 점', I는 '흥미로운 점'을 의미해요."

"그러면 PMI는 어떻게 적용하나요?"

"PMI는 만들어놓거나 혹은 선택된 아이디어를 PMI로 검토해서 그 결과를 활용하면 되는데 강의 노트를 보세요."

[강의 노트 — PMI]

---

1. P > M ---------- 채택(Accept)
2. P < M ---------- 기각(Reject)

"위 방법이 기본이에요."

"그러면 I의 용도는 무엇입니까?"

"I는 그 아이디어의 흥미로운 점을 찾아서 새로운 아이디어를 만들기 위한 단초를 주로 제공하는 역할을 하지요."

"선생님, 그런데 PMI에서 그 아이디어가 가지고 있는 P는 '긍정적인 점', M은 '부정적인 점'이라는 개념은 쉽게 이해가 가는데 아이디어의 단초를 제공한다는 I의 '흥미로운 점'의 의미는 모르겠습니다."

"여기서 '흥미로운'이란 그 아이디어가 가지고 있는 긍정적인(좋은), 부정적인(나쁜)이 아닌 중도의 의미로 한번쯤 짚고 넘어갈 가치가 있는 것을 의미해요."

"그러면 어떻게 흥미로운 점을 찾을 수 있나요?"

"참가자들에게 '이 아이디어가 가지고 있는 흥미로운 점은 무엇일까?'라는 질문을 통해 아이디어를 다각도로 검토하면서 찾을 수 있지요."

"그렇군요. 그러면 위 노트에서처럼 P<M의 경우 아이디어를 버리면 되고, P>M의 경우 아이디어를 채택하여 사용한다는 뜻이지요?"

"그래요. 아이디어 평가가 P>M인 경우가 바로 우리가 배우려는 아이디어 수정을 통하여 보다 나은 아이디어를 만들 수 있는 요건을 갖춘 아이디어를 의미하죠. 하지만 그 이야기는 조금 뒤에 하기로 하고 해외에서 실제로 PMI 적용했던 예를 하나 들어줄께요."

"그거 재미있겠는데요."

"오스트리아 초등학교에서 일어난 일인데 PMI를 배운 선생님이 자기반 학생 30명에게 '학교에 오면 하루에 5실링씩 준다'는 아이디어가 어떤지를 학생들에게 물으니 전원이 찬성했어요. 그래서 그들에게 PMI을 실시하도록 했지요. 그랬더니 ….'

[강의 노트 – PMI 적용 예]

---

1. P는 PC방에 갈 수 있다. 맛있는 것을 사 먹을 수 있다.

2. M은 이가 상한다. 깡패를 만난다. 무절제하게 사용된다. 부모의 용돈이 적어진다. 우리 반의 '짱'에게 빼앗긴다.

"이런 이야기를 자기들이 했어요. 그래서 학생들이 한 이야기를 칠판에 쓰고 나서 다시 손을 들게 했어요. K과장, 찬성이라고 손을 든 학생이 몇 명이었을까요?"

"글쎄요?"

"단 한 학생, 그 학생은 그 반의 '짱'이었대요."

"아! 그렇군요, 어차피 돈을 받아봐야 짱에게 모두 빼앗길 테니까! 이 평가를 통해 찬성에서 반대로 아이디어의 운명을 바꾸는 것을 보니 PMI의 힘이 대단하구나 하는 것을 느끼겠네요. 이런 학생들에게 흥미로운 점에 관한 질문은 어떻게 해야 할까요?"

"정해진 질문법은 없지만, 학생들은 돈을 받으면 주로 어디에 쓸까? 어느 곳에 자주 들어갈까? 성적과는 어떤 관계일까? 이런 정도가 되겠죠."

"선생님, 그러면 이번에는 P>M에 관한 이야기를 해주세요."

"실제로 조금 전에 예를 든 초등학생의 경우 '하루에 5실링을 준다'는 아이디어가 1개였기 때문에 PMI 평가를 모두 실시해야 하지만, 지금 우리가 배운 방법처럼 아이디어의 평가 과정을 거쳐 선택된 아이디어라면 이미 그 아이디어 속에는 P>M라는 의미가 담겨있다고 봐야 해요. 왜냐하면 앞에서 아이디어 평가를 하며 적용한 평가기준을 통해 이미 아이디어가 가진 부정적인 점을 걸러냈기 때문이죠. 이럴 경우 직장인처럼 시간에 쫓기는 사람들은 M만 점검하여 아이디어를 수정하는 것이 좋은 방법이지요."

[강의 노트 – 아이디어 수정]

1. 수정 전 아이디어
2. 수정 전 아이디어가 가지고 있는 부정적인 점을 찾는다.
3. 2단계에서 나온 부정적인 점의 개선요소를 찾는다.
4. 수정 전 아이디어와 개선요소를 결합하여 만든 수정 후 아이디어를 만든다.

"이 아이디어 수정 과정은 예를 들어 설명하면 이해하기 쉬울 거예요. 혹시 기억나요? '어떻게 하면 조직원들에게 품질 마인드를 갖

게 할 수 있을까?' 하는 과제에 아이디어 평가를 통해 나온 아이디

어를요?"

"예, 기억합니다."

"뭐였죠?"

"품질 유언장을 쓰게 하는 것이었죠."

"맞아요!"

P선생은 내 손을 덥석 잡으면서 말했다. 선생님의 따뜻한 온기가

느껴졌다.

"자, 그럼 그 교육생들이 작성한 사례를 보기로 하죠."

[강의 노트 – 아이디어 수정 예]

과제 : 어떻게 하면 조직원들에게 품질 마인드를 갖게 할 수 있을까?

1. 수정 전 아이디어: 품질 유언장을 쓰게 한다.

2. 부정적인 점

   1) 직원들이 회사에 대해 부정적인 생각을 갖게 된다.

   2) 종이 낭비가 많다.

   3) 직원들에게 소극적 마음이 생긴다.

3. 개선요소

   1) 최고 경영자가 먼저 유서를 작성한다.

   2) 공동으로 유언장을 작성한다.

3) 최고경영자가 먼저 작성하고 직원들을 독려한다.

4. 수정 후 아이디어 : 최고 경영자가 쓴 품질 유언장을 공고하면서 직원들에게 공동으로 유언장 작성을 하도록 독려한다.

"K과장, 어때요? 사례를 보니 이해하기 쉬운가요?"

"예, 대단히 쉽습니다. 그리고 아이디어가 수정되고 나니 구체적이고 실행가능한 아이디어로 바뀌는군요."

"K과장이 근무하는 회사가 이런 것을 거치지 않고 수정 전 아이디어를 가지고 실행으로 가려니 필연적으로 멈출 수밖에 없는 상태였죠."

"그렇습니다. 이제야 우리 회사가 아이디어가 잘 실행되지 않고 겉도는 이유를 확실하게 알았습니다. 이제 수정 후 아이디어를 가지고 실천만 하면 됩니까?"

"그렇습니다. 이제 K과장의 교육은 이것으로 끝입니다. 끝내면서 질문 한 가지 하겠습니다."

갑자기 정중해진 선생님 말씀에 나는 약간 긴장했다.

"K과장, 사람들은 창의성을 왜 배우려고 할까요?"

원초적 질문에 나는 선뜻 대답할 수가 없었다.

"사람들은 행복해지고 싶어서 창의성을 배웁니다!"

그 이후 생긴 일

교육이 끝나고 회사에 출근하니 팀장은 전 직원의 워크숍 일정이 4월 첫째 주 토요일과 일요일에 잡혀 있는데 워크숍을 어떻게 진행할지 몰라 허둥대고 있었다. 내가 P선생님으로부터 배운 '오픈 스페이스 스킬'을 팀장에게 말씀드리니 팀장이 나와 공동 진행하자고 이야기했다. 그래서 내가 주축이 되어 회사 전체 팀 빌딩 워크숍을 토요일과 일요일에 성공리에 끝내고 회사에 돌아왔다. 월요일 아침 사장님께서 부르시더니 수고했다며 나와 팀장의 어깨를 두드려주셨다.

지난 6월 말에 끝난 상반기 제안심사에서 내가 우리 회사 '제안왕'에 뽑혔다. 회사에서 월례 조회시간에 사장님으로부터 표창장과 함께 포상금으로 100만 원을 받았다. 그리고 또 다른 임명장도 받았다. '아이디어 코치 겸 멘토 임명장'으로 멘티로는 인사팀 구 대리, 영업팀 임 대리다. 두 사람 모두 아이디어가 중요한 업무라서 회사의 아이디어 제안왕인 내가 회사 공식 1호 '아이디어 코치 겸 멘토'가 되었다.

오후 3시 쯤 전화벨이 울렸다. 전화를 받으니 부드러운 목소리가 수화기를 통해 들려왔다.

"K과장님이시죠?"

그 이후 생긴 일

"예, 그런데요."

"사장님께서 지금 급히 K과장님을 만났으면 하시는데요."

"지금 어디에 계신데요?"

"5층 사장실에 계십니다."

"알겠습니다."

수화기를 내려놓고 영문도 모른 채 사장실로 올라갔다. 비서의 안내를 받아 사장실로 들어갔다.

"K과장, 어서 와요. 여기 앉아요. 요즘 생활이 어떤가요? 내가 오늘 당신을 부른 것은 어제 동일업종 사장단 저녁모임에 참석했다가 경쟁회사 사장한테 이야기를 들었는데 다른 회사에서 당신을 스카우트 대상에 올려놓고 접촉을 시도하고 있다는군요. 그게 사실입니까?"

사실 그랬다. 아이디어로 밥먹고 사는 우리 업종 특성상 내가 P선생님으로부터 창의성을 배우고 나서 내 나름대로 배운 창의성 스킬을 3개월간 연습하고 나니 이제는 아이디어를 내는 것에는 도사가 되었다. 이런 소식이 직원들의 입을 통해 업계에 퍼지면서 자기네 회사에서 함께 일하자며 일주일에 한명 꼴로 나를 찾아 왔는데 이제 우리 사장님에게도 그 이야기가 들어간 모양이다. 나는 아무 말도 하지 않았다.

"사실이군요. 내가 K과장에게 어떻게 해주면 우리 회사에 남겠어요? 어젯밤 그 이야기를 듣고 나는 잠을 이룰 수가 없었어요. 지난 4월 워크숍에서 당신이 보여준 능력, 7월의 제안왕, 아이디어 코치, 멘토,… 어떻게 당신을 다른 회사로 보낼 수가 있겠어요? 사장인 나에게 요구만 하세요. 원하는 것 다 들어줄게요."

내가 계속 아무 이야기를 하지 않자 사장님은 말씀하셨다.

"그러면 일단 내년 1월 1일부로 당신을 부장으로 진급시킬 테니, 1월 1일에 신설되는 상품개발팀 팀장을 맡아주세요."

그리고 여러 가지 말씀을 하셨다. 지난 3년 동안 이 회사에서 근무했건만 사장님의 진솔하고 인간미 넘치는 말씀은 처음 들었다. 이제 마음의 방황을 끝내고 이곳에 남아야겠다고 생각했다. 바로 그때 사장님께서 물으셨다.

"다른 회사에 가지 않을 거지요?"

나는 "예"라고 대답했다.

사장님과 이야기를 끝내고 방을 나오려고 문 손잡이를 잡는 순간 "K과장" 하고 사장님이 나를 부르셨다. 뒤를 돌아보니 사장님께서는 미소 띤 얼굴로 엄지손가락을 앞으로 내밀며 말씀하셨다.

"K과장, 나는 이 회사의 CEO지만 당신이야말로 우리 회사의 진정한 '씽커씨이오(Thinker CEO : 상표권 등록 제0116438호)'야."

창밖에는 함박눈이 펑펑 내리고 있었다.

■ **12월 27일**

이메일 두 통이 왔다. 첫 번째 메일은 나의 아이디어 멘티인 인사팀 구 대리로부터 왔는데, 메일 제목이 '일급 비밀'로 되어 있었다.

'축하드립니다. 과장님께서 1월 1일부로 부장으로 승진하시고, 상품개발팀 팀장으로 발령나실 것 같은데 아직 비밀입니다. 그러니 혼자 알고 계셔야지 누구에게도 이야기하시면 안 됩니다. 안 그러면

저는 인사팀에서 잘립니다. 조금 전 인사팀장이 기안하는 것을 뒤에서 살짝 봤습니다.'

나는 속으로 웃었다.

두 번째 메일을 열었다.

'아빠! 나야 나. 여기서 열심히 공부해서 남들이 3년간 공부해도 어렵다는 최고 등급을 1년 만에 획득했어. 내가 다니던 어학원에서는 처음 있는 일이래. 그리고 나는 31일 새벽에 인천공항에 도착해. 아빠, 그럼 그때 봐.'

캐나다에서 공부하느라 힘들었을 딸을 생각하니 눈물이 저절로 흘러내렸다.

■ 12월 31일 새벽

나와 아내를 태운 차는 88올림픽대로를 지나 인천 국제공항을 향하는 고속도로에 접어들었다. 연초에 인천공항 3층 출국장 의자에서 꿈을 꾸며 라이트 형제를 만났고, 이 고속도로 위를 달리는 리무진 버스 안에서 라이트 형제한테서 토랜스와 피터스를 소개받았고, 또 두 거장한테서 P선생님을 소개받아 창의력에 대해 1주일간 배웠다. 아이디어 때문에 명예퇴직의 불명예를 당하기 일보 직전에서 이제는 다른 회사의 스카우트 대상이 되었다. 회사에서 나에게 진급은 물론 팀장의 보직을 주는 등 내 인생은 180도 변했건만, 오늘도 변함없는 이 고속도로 위를 1년 만에 또 달리고 있다.

안개 속에 멀리 보이는 인천공항의 관제탑 위에 홀로 켜진 안내 불빛이 나를 향해 미소 짓고 있었다.